논문 주제 :

　　　　　　　　　　　　　학교　　　　　반　　　　　번

이름 :

나와 세상이 만나는 소중한 시간,
미래의 문이 활짝 열립니다

고등학생
소논문 쓰기
워크북

고등학생
소논문 쓰기
워크북 _수정·증보판

초판 1쇄 발행 2016년 3월 3일
초판 8쇄 발행 2024년 10월 1일

지은이 | 백제헌 유은혜 이승민
펴낸이 | 한순 이희섭
펴낸곳 | (주)도서출판 나무생각
편집 | 양미애 백모란
디자인 | 박민선
마케팅 | 이재석
출판등록 | 1999년 8월 19일 제1999-000112호
주소 | 서울특별시 마포구 월드컵로 70-4(서교동) 1F
전화 | 02) 334-3339, 3308, 3361
팩스 | 02) 334-3318
이메일 | book@namubook.co.kr
홈페이지 | www.namubook.co.kr
블로그 | blog.naver.com/tree3339

ISBN 979-11-86688-36-6 43370

진로 선택과 학생부종합전형을 위한

고등학생
소논문 쓰기
워크북

백제헌 · 유은혜 · 이승민 지음

나무생각

"선생님, 책 골라 주세요!"

사서 교사가 된 후 학생들에게 가장 많이 들은 말입니다. 왜 많은 학생들이 학교 도서관에서 책을 찾지 못하고 망설일까요?

내가 좋아하고 관심 있는 것은 무엇일까?
내가 잘하고 더 공부하고 싶은 과목은 무엇일까?
내가 대학에 가고 싶은 이유는 무엇일까?
내가 대학에 진학해 하고 싶은 공부는 무엇일까?

학교 도서관 이용 교육을 통해 이런 고민들을 함께한 후 학생들의 질문은 달라졌습니다.
"선생님, 저는 간호사가 되고 싶은데 어떤 책을 읽어야 할까요?"
"선생님, 외교관에 대한 책이 어디 있을까요?"

그래서 학생들과 함께 책을 찾기 시작했습니다. 그리고 책을 통해서 자신의 진로를 찾고 공부에 동기를 얻을 수 있는 교육 활동을 여러 모양으로 연구하고 찾았습니다. 여러 시행착오를 통해 발견한 것이 바로 '소논문 쓰기'였습니다.

왜 소논문 쓰기일까요?

수행평가의 보고서가 '주어진 과제'에 대해 발견한 사실을 정리한 글이라면, 논문은 '연구자가 스스로 특정 연구 문제를 제기'하고 그 문제를 해결하기 위한 방법을 스스로 찾아 해결한 후, 발견한 연구 결과를 논리적이고 체계적인 형식에 맞춰 연구자의 의견을 포함하여 작성한 글입니다. 논문 쓰기는 정말로 자기가 관심 있는 문제에 집중해 볼 수 있는 활동이기 때문에 더 매력이 있습니다.

내가 연구자가 되어 보는 것! 대학생들도 쓰기 어렵고 대학 교수들도 오랜 연구를 통해 작성하는 것이 논문이라는 선입견이 있어 부담스럽긴 합니다. 하지만 그런 부담을 내려놓고 도전해 보세요. 내가 정말 관심 있는 특정 연구 문제를 찾는 일부터 매우 흥미롭습니다. 이는 소논문 쓰기에 참여한 학생들만이 아니라 지도하는 교사의 입장에서도 마찬가지입니다. 학생들이 상기된 표정으로 "선생님, 이 주제는 어떨까요?"라고 물어오면 괜히 반갑고 어떻게든 도와주고 싶습니다. 물론 그 과정이 쉽지 않아 힘들어하는 학생들을 보면 안쓰러울 때도 있습니다. 그러나 포기하지 않고 이 모든 과정을 마침으로써 스스로 논문을 완성했다는 자부심에 가득 찰 학생들의 모습을 기대하며 확신에 찬 격려를 하곤 했습니다. "끝까지 최선을 다하자!"라고 말입니다.

소논문 쓰기는 논증적 글쓰기, 논리적 글쓰기, 설득적 글쓰기, 문제 해결적 글쓰기,

비판적 글쓰기, 창의적인 글쓰기라고도 할 수 있습니다. 바로 논문이라는 글의 목적이 연구자가 논문을 읽는 독자를 설득하는 글이기 때문입니다. 그래서 논문을 쓰는 내내 자신이 제기한 문제를 해결하기 위해 고민할 뿐 아니라, 독자에게 자신의 연구의 타당성을 입증하고 독자가 이해하기 쉽도록 표현해 내기 위해 고민합니다. 어떻게 이렇게 어려운 글쓰기를 할 수 있을까 걱정하지 않아도 됩니다. 왜냐하면 이미 우리에게는 좋은 모델이 되어 주는 선행 연구가 가득하기 때문입니다.

소논문 쓰기를 시작한 학생들과 논문이 가득 쌓여 있는 국회도서관 석·박사 학위 논문실을 방문했을 때의 환호를 잊을 수 없습니다. "우아! 이렇게 많은 논문이 있다니!"라고 말하는 학생들에게 "논문은 혼자 쓰는 것이 아니라 나보다 먼저 이 문제에 관심 있었던 선행 연구자들과 함께 쓰는 거란다."라고 말해 주었습니다. 그리고 논문을 잘 쓰는 비결은 선행 연구를 부지런히 찾아보는 것임을 상기시켜 주었습니다.

이렇듯 소논문 쓰기 활동의 가장 큰 성과는 자신의 꿈과 끼를 발견하고 키워 주는 진로 탐색 활동이라는 것입니다. 무슨 책을 읽어야 하는지조차 막연하던 내가 해결하고 싶은 연구 문제를 위해 책은 물론 논문, 학술지, 통계 자료, 법률 자료까지 찾아보면서 직접 부딪히고 해결해 보는 경험이야말로 가장 큰 성과라 할 것입니다. 그리고 이러한 경험이야말로 고교 생활을 마치고 대학을 진학하려는 우리 학생들에게 가장 큰 보물이 될 것입니다. 내가 주인이 된 공부에 큰 동기를 얻어 대학의 학생부종합전형을 준비하며 학교생활기록부 교과, 비교과는 물론 자기소개서에도, 면접에서도 당당히 자신의 열정과 가능성을 입증할 수 있습니다. 이 책을 손에 잡은 여러분도 마지막까지 최선을 다하기를 응원합니다.

여러 해 동안 학교 도서관에서 학생들과 소논문 쓰기를 함께 진행해 온 사서 교사들이 그동안 사용해 온 워크북을 더욱 효과적으로 활용할 수 있도록 정리해 보았습니다. 처음 주제를 찾는 단계부터 시작해서 마지막 편집을 하는 단계에까지 학생들의 소논문 쓰기를 안내하며 사용한 실전 워크북입니다. 이 책의 자랑은 무엇보다 '친구들의 생생한 이야기'가 수록되어 있다는 점입니다. 각 단계 단계에서 친구들은 어떤 고민들을 어떻게 해결했는지가 여러분에게 큰 공감을 주고 격려가 되어 줄 것입니다. 이 책이 여러분의 소논문 쓰기 활동에 친절한 안내서가 되기를 바랍니다.

백제헌, 유은혜, 이승민

이 책은 크게 '시작하며', 'step', '마무리하며'로 구성되어 있습니다.

'시작하며'는 소논문을 작성하기 전에 기본적으로 알아두어야 할 5가지 사항에 대해 소개하였습니다. 소논문 쓰기를 위한 워밍업 단계입니다.

연구 일지 작성하기, 선행 연구 찾기, 인용 잘하기, 주석 달기, 참고 문헌 쓰기

'step'은 10단계로 구성되어 있습니다. 소논문 작성을 위해 책을 보면서 따라 할 수 있도록 각각의 'step'은 하나의 이야기와 같이 연계되어 있습니다.

연구 주제, 연구 문제, 연구 방법, 연구 계획, 연구 목차, 서론, 본론, 결론, 초록, 편집

각 단계를 순차적으로 따라가면서 소논문 작성을 위한 핵심 정보들을 배워 봅니다.

'마무리하며'는 소논문을 완성하고 뒤돌아보는 최종 마무리 과정을 담고 있습니다. 자신이 작성한 소논문을 평가하고 새로운 소논문 작성을 위한 발판을 마련해 봅니다.

발표 준비하기, 논문 평가하기, 후기 쓰기

CASE & KNOWHOW 친구들의 이야기
'step'에서 가장 먼저 나오는 부분으로, 소논문을 쓴 친구들의 이야기를 들으며 소논문을 쓰는 동안의 경험과 노하우를 듣고 배울 수 있습니다.

핵심 콕!콕!

각 'step'에서 알아야 할 소논문 작성 핵심 이론에 대하여 학생들이 이해하기 쉽도록 친절하게 설명하고 있습니다.

단계별 CHECKLIST

각 'step'에서 반드시 지켜야 할 사항들을 체크리스트로 확인할 수 있습니다.

Action

각 단원의 목표를 달성하기 위해 학습해야 할 것들을 친구들의 사례를 통하여 소개하고 있습니다. 친구들이 직접 작성한 사례들을 보면서 앞으로 내가 어떻게 소논문을 작성해야 하는지 생각해 봅니다.

real Workbook

앞서 배운 내용을 토대로 학생들이 직접 작성하는 활동 코너입니다. '핵심 콕!콕!'의 내용과 'Action'의 사례를 토대로 나만의 소논문을 작성하여 봅니다.

Bonus tip

학생들이 소논문을 쓰는 데 조금이라도 도움이 될 수 있도록 추가 정보를 제공합니다.

Q&A

소논문을 쓰며 다른 친구들이 자주 질문하였던 내용들을 질문과 답변 형식으로 제공하고 있습니다.

차례

시작하며

1. 연구 일지 시작하기

🐤1 연구 일지 작성 방법 알기

소논문을 작성하는 데 가장 필요한 것이 무엇이라고 생각하세요? 능숙한 컴퓨터 활용 능력? 화려한 글 솜씨? 아닙니다. 가장 중요한 것은 소논문을 끝까지 써 나갈 수 있는 끈기와 노력입니다.

소논문 작성을 통해 여러분의 끈기와 노력을 보여 줄 수 있다고요? 그럼 바로 연구 일지를 작성해 보세요. 연구하는 하루하루의 기록을 작성해야 합니다. 연구를 진행하면서 있었던 일들을 꾸준히 기록함으로써 여러분의 끈기와 노력을 확인하는 좋은 기회가 될 것입니다.

먼저 아래와 같이 연구 일지에 자신이 연구하고 싶은 주제, 논문 제목 정도를 적어 봅니다. 꾸준히 작성한 연구 일지는 자신이 진행하는 연구가 생각했던 것과 일치하는지, 혹은 다르게 진행되고 있는지를 점검할 수 있는 자료로 사용합니다.

연구 주제	수학 멘토링의 효과
논문 제목	수학 멘토링 학습의 효과와 필요성

소논문을 완성하기까지 짧게는 3개월, 길게는 한 학기 이상의 시간이 필요합니다. 그렇기에 소논문의 진행 과정을 미리 계획해 봐야 합니다. 사실 학생들 입장에서는 불철주야로 학업에 몰두하느라 많은 시간을 내기가 어렵습니다.

따라서 '하루 한 시간', '9시~10시', '주 5회', 이런 구체적인 계획을 세우는 것이 아니라 '이때쯤에는 이 부분을 시작해야겠다.', '나는 4개월 동안 소논문을 진행해 보겠어.' 하는 식으로 보다 큰 그림을 생각하는 것입니다.

아래는 한 학생이 6개월 동안 연구를 진행하겠다고 계획한 일정표입니다. 물론 이 일정표대로 연구가 진행된다면 더할 나위 없이 좋겠지만, 이대로 다 지켜지지 않을 수도 있습니다. 이 경우 자신의 일정에 따라 계획을 수정하면서 차근차근 단계를 밟아 나간다면 소논문 완성이 어렵지만은 않을 것입니다.

	5월	6월	7월	8월	9월	10월
연구 주제 탐색	→					
연구 일지 작성	→	→	→	→	→	→
선행 연구 조사 및 참고 문헌 정리	→	→	→	→		
연구 문제, 연구 방법 설정	→	→				
연구 계획서 작성	→					
자료 수집 및 분석		→	→	→		
목차 작성			→			
서론 작성				→		
본론 작성				→	→	
결론 작성				→	→	
초록 작성				→		
논문 편집 및 제출					→	
논문 수정, 최종 논문 제출					→	→
논문 발표 준비						→
논문 발표						→
후기 작성						→
논문 제본						→

연구 일지에는 자신이 소논문 연구를 진행한 날짜와 시간을 기록하고 그날그날의 연구 과정을 특정한 형식에 얽매이지 말고 자유롭게 기록합니다. 연구 일지를 보면서 연구 진행을 위해 자신이 해야 할 일을 파악하는 것입니다. 새롭게 발견한 점, 연구 진행의 문제점, 문제점의 해결 방안 등을 적으며 탄탄한 연구를 위해 노력합니다. 이 연구 일지를 가끔씩 담당 교사나 함께 연구를 진행하는 친구들에게 보여 주고, 자신의 연구에 오류가 없는지 점검해 봅니다.

No.	월 / 일	연구 내용	기록자
1	5 / 17	논문 주제를 '에너지'에서 '수학'으로 바꿈. 진로에 확신이 생기고 관심사가 바뀌며 주제가 변경됨.	김○○
2	5 / 23	주제를 바꾼 후 선행 연구 5개를 조사함. 연구 대상 범위를 서울시 ○○구로 한정함.	김○○
3	5 / 25	○○대학교 수학과에 재학 중인 학생에게 멘토링 수업 여부와 효과에 대해 질문함.	김○○
4	6 / 8	멘토 – 멘티 학생들 인터뷰. 예상했던 것보다 수학 멘토링 학습의 장점이 많고 학생들이 느낀 게 많아서 놀람.	김○○

연구 일지 작성을 귀찮다고 여기지 말고 연구를 진행하면서 성실히 기록하기를 바랍니다. 그리고 내 연구의 오류, 내 연구의 부족함만을 찾기 위해 기록한다고 생각하지 마세요. 연구 일지는 하루하루 적어 나가는 일기와 같습니다. 일기를 보며 지난날을 회상하듯이 연구가 끝난 뒤에 연구 일지를 들여다보면 소논문을 쓰는 동안의 나의 노력들이 더욱 아름답게 느껴질 것입니다.

소논문의 시작과 끝! 연구 일지 작성하기

▶ 소논문 쓰기를 위한 전체적인 연구 계획을 세우고 하루하루의 연구 일지를 작성해 봅시다.

연구자	학교 학년 반 번 성명:
연구 주제	
논문 제목	

■ 연구 일정표

	월	월	월	월	월	월	월
연구 주제 탐색	→						
연구 일지 작성							
선행 연구 조사 및 참고 문헌 정리							
연구 문제, 연구 방법 설정							
연구 계획서 작성							
자료 수집 및 분석							
목차 작성							
서론 작성							
본론 작성							
결론 작성							
초록 작성							
논문 편집 및 제출							
논문 수정, 최종 논문 제출							
논문 발표 준비							
논문 발표							
후기 작성							
논문 제본							

■ 연구 일지

No.	월 / 일	연구 내용	기록자
예	3 / 2	주제 선정을 위한 선행 연구 검색(국회도서관, RISS, DBpia 이용) → 지속 가능한 디자인으로 주제 확정	이○○
1			

※ 연구 일지는 파일로 작성하거나 손으로 직접 작성하며, 필요 시 본문에 그래프, 사진 등을 삽입한다. 연구 내용은 자율적으로 기술하되, 연구 진행의 과정, 연구를 진행하면서 발견한 문제점이나 이를 해결하기 위한 방안, 그리고 연구 결과와 참고한 자료 등을 기재할 수 있다.

2. 선행 연구 찾기

🐦① 단행본 찾기

■ 국립중앙도서관

국립중앙도서관은 1945년에 개관한 우리나라 국가 대표 도서관입니다. 국립중앙도서관 검색 시스템(https://www.nl.go.kr/nl)은 국립중앙도서관의 소장 자료 및 외부 협력 기관 자료에 대한 통합 검색을 지원합니다. 또한 국립중앙도서관 웹자원 아카이브 OASIS(nl.go.kr/oasis)에 들어가 보면 2004년부터 디지털 지식 문화유산으로서 보존 가치가 높은 인터넷 자원을 시의성 있게 수집·보존하고 있습니다.

■ 국가전자도서관

국가전자도서관(https://www.dlibrary.go.kr)은 국립중앙도서관, 국회도서관, 법원도서관, 한국과학기술원 도서관, 한국과학기술정보연구원, 한국교육학술정보원, 농촌진흥청 농업과학도서관, 국방전자도서관, 질병관리청 국립의과학지식센터 등 9개 참여 기관의 디지털화된 소장 목록 및 원문 정보를 통합 검색할 수 있는 시스템입니다.

⑫ 학위 논문 및 학술 자료 찾기

■ 국회도서관

국회도서관은 국회전자도서관(https://dl.nanet.go.kr)을 통해 소장 자료 및 다양한 원문 자료를 검색할 수 있도록 각종 목록·색인 등의 국가서지데이터베이스를 구축하고 있습니다. 특히 학위 논문 중심의 원문 데이터베이스를 체계적으로 잘 구축하고 있습니다.

■ DBpia

DBpia(https://www.dbpia.co.kr)는 ㈜누리미디어가 제공하는 학술 정보 데이터베이스 서비스입니다. 국내 학술 저널, 전문 잡지, 전자책, 웹 DB 등을 제공하는 온라인 서비스로, 원문의 전체 텍스트 및 상세한 서지 정보를 검색, 열람할 수 있는 서비스를 제공하고 있습니다. DBpia AI 'idea' 서비스를 활용해 구체적인 주제 선정과 목차 구성, 목차별 논문 추천으로 선행 연구를 전개할 수 있습니다.

■ RISS

RISS(https://www.riss.kr)는 1998년부터 제공하는 학술 연구 정보 서비스로서, 전국 대학 도서관 및 주요 도서관의 소장 자료, 학위 논문 등의 일부 원문을 검색할 수 있는 종합 목록 데이터베이스 서비스입니다. 특정 자료의 소장처를 보여 주기 때문에 어느 도서관에서 자료를 소장하고 있는지 알 수 있습니다.

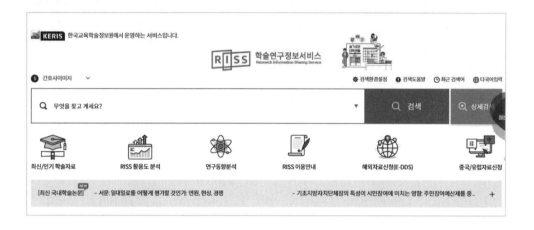

■ 네이버 학술 정보

네이버 학술 정보(https://academic.naver.com)는 한 번의 검색으로 학술 자료, 국가 기록물, 특허, 통계, 리포트 및 각종 서식 등을 편리하게 이용할 수 있습니다. 특히 학술 자료를 찾는 연구자들이라면 빠르고 쉽게 원하는 자료에 접근할 수 있습니다.

■ Google 학술 검색

Google 학술 검색(https://scholar.google.co.kr)은 학술 자료를 쉽게 찾도록 돕는 검색 서비스입니다. 다양한 분야의 발행인, 출판사, 학회, 대학, 학술 단체 등 각종 기관에서 제공하는 학술 논문, 서적, 초록, 자료 등을 검색할 수 있습니다.

③ 신문 자료 찾기

■ BIG KINDS

BIG KINDS(https://www.bigkinds.or.kr)는 국내 최대의 뉴스 전문 검색 사이트로서, 한국 언론계 모두가 공동으로 참여해 만든 한국언론진흥재단의 새로운 서비스입니다.

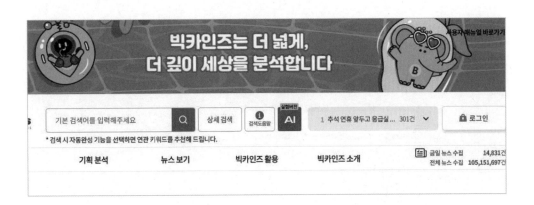

🗨️④ 주제별 자료 찾기

■ ScienceON

ScienceON(https://scienceon.kisti.re.kr)은 한국과학기술정보연구원에서 운영하는 과학기술 지식 인프라 통합 서비스입니다. 과학기술 정보, 연구 데이터, 정보분석 서비스 및 연구 인프라를 연계, 융합하여 연구자가 필요로 하는 지식 인프라를 한 곳에서 제공하고 있습니다.

■ KOSIS(Korean Statistical Information Service)

국가통계포털(https://kosis.kr)은 국내, 국제, 북한의 주요 통계를 데이터베이스로 구축하여 이용자가 편리하게 통계 자료를 이용할 수 있도록 통계청이 제공하는 통계 정보 서비스입니다.

■ KIPRIS(Korean Intellectual Property Rights Information Service, 특허정보검색서비스)

특허정보검색서비스(http://www.kipris.or.kr)는 특허청이 보유하고 있는 특허, 실용신안, 디자인, 상표, 심판 등의 국내외 지식재산권 정보를 데이터베이스로 구축한 것입니다. 누구나 인터넷을 통해 무료로 검색 및 열람할 수 있습니다.

■ 국가법령정보센터

국가법령정보센터(https://www.law.go.kr)는 법제처에서 운영하고 있으며, 우리나라의 현행 법령, 행정 규칙, 자치 법규, 조약, 판례, 헌재 결정례, 심판례 등에 대한 법률 정보를 제공하고 있습니다.

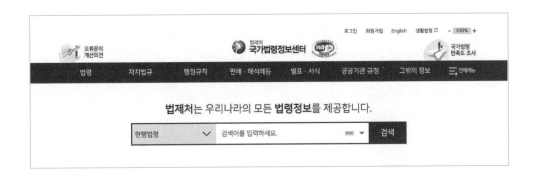

 Bonus tip

주요 정보원

	기관명	웹사이트 주소
도서관	국립중앙도서관	https://www.nl.go.kr/nl
	국회전자도서관	https://dl.nanet.go.kr
	국가전자도서관	https://www.dlibrary.go.kr
사전	위키백과	https://ko.wikipedia.org
	브리태니커 온라인	http://premium.britannica.co.kr
	국립국어원 표준국어대사전	https://stdict.korean.go.kr
신문/관보	BIG KINDS(신문 기사 검색)	https://www.bigkinds.or.kr
	네이버 뉴스 라이브러리	https://newslibrary.naver.com
	대한민국 전자관보	https://www.gwanbo.go.kr
지식 정보	RISS(학술연구정보서비스)	https://www.riss.kr
	ScienceON	https://scienceon.kisti.re.kr
	KOLIS-Net(국가자료종합목록시스템)	https://www.nl.go.kr/kolisnet
	기초학문자료센터	https://www.krm.or.kr
	한국학술지인용색인	https://www.kci.go.kr/kciportal
	한국전통지식포탈	https://www.koreantk.com
	천문우주지식정보	https://astro.kasi.re.kr
원문 정보	DBpia	https://www.dbpia.co.kr
	KISS(학술 논문 검색)	https://kiss.kstudy.com
	교보문고 스콜라	https://scholar.dkyobobook.co.kr
	학지사 뉴논문	http://www.newnonmun.com
역사/인물	한국학자료통합플랫폼	https://kdp.aks.ac.kr
	국가유산청 국가유산포털	https://www.heritage.go.kr
	한국사데이터베이스	https://db.history.go.kr
	조선왕조실록	https://sillok.history.go.kr
통계	국가통계포털	https://kosis.kr
	통계지리정보서비스	https://sgis.kostat.go.kr
법률	의안정보시스템	https://likms.assembly.go.kr
	국가법령정보센터	https://www.law.go.kr
표준/특허	KIPRIS(특허정보검색서비스)	http://www.kipris.or.kr
예술	문화포털	https://www.culture.go.kr
	문화셈터(문화체육관광통계)	https://stat.mcst.go.kr
환경	KONETIC(국가환경산업기술정보시스템)	https://www.konetic.or.kr

내가 이런 자료를? 선행 연구 찾기

▶ 내가 '인공지능을 통한 교육 환경 변화'를 주제로 논문을 쓴다고 할 때 어떤 선행 연구를 찾아야 할지 고민해 봅시다. 먼저 선행 연구를 찾기 위해 필요한 핵심 키워드를 적어 봅시다.

• 인공지능 기반 맞춤형 학습   •
•   •

▶ 단행본 자료를 찾아봅시다.

저자	출판 연도	도서 제목	출판사
정보원 위치	☐ 우리 학교 도서관 ☐ 국립중앙도서관 검색 시스템 (https://www.nl.go.kr/nl) ☐ 국회전자도서관 (https://dl.nanet.go.kr) ☐ 기타:		

▶ 학위 논문과 학술지 자료를 찾아봅시다.

	저자	출판 연도	논문 제목	학위 수준	대학	학과
학위 논문				☐ 석사 ☐ 박사		

	저자	출판 연도	논문 제목	학회지명	권(호)	페이지
학술지						

정보원 위치	☐ 국회전자도서관 (https://dl.nanet.go.kr) ☐ DBpia (https://www.dbpia.co.kr) ☐ RISS (https://www.riss.kr) ☐ 네이버 학술 정보 (https://academic.naver.com) ☐ Google 학술 검색 (https://scholar.google.co.kr) ☐ 기타:

▶ 신문 자료를 찾아봅시다.

기자명	날짜	신문 제목	신문사	페이지 또는 사이트 주소

정보원 위치	☐ BIG KINDS (https://www.bigkinds.or.kr) ☐ 기타:

▶ 주제별 자료를 찾아봅시다.

저자명	출판 연도	자료 제목	웹사이트명	검색 날짜	사이트 주소

정보원 위치	☐ ScienceON (https://scienceon.kisti.re.kr) ☐ 국가통계포털 (https://kosis.or.kr) ☐ 특허정보검색서비스 (http://www.kipris.or.kr) ☐ 국가법령정보센터 (https://www.law.go.kr) ☐ 기타:

3. 인용 잘하기

🐦① 인용과 표절 차이 알기

소논문을 쓰다 보면 연구자들은 다양한 선행 연구들을 접하게 됩니다. 많은 선행 연구와 다양한 정보들은 우리가 연구하는 소논문을 더욱 풍성하게 만들어 줍니다. 선행 연구의 그림, 표에서부터 문장, 문단까지 우리가 이용할 수 있는 자료는 다양합니다.

하지만 다른 연구자들의 결과물을 허락 없이 쓰는 것은 올바른 행동이 아닙니다. 인용 표시 없이 가져다 쓰는 것은 명백한 표절이고 저작권 위반입니다. 정당한 인용 표시 방법을 알고 필요한 부분만 적절하게 인용하여 내가 소논문을 통해 주장하고자 하는 내용에 정당성과 신뢰성을 쌓아야 합니다. 만약 누군가 내가 만든 작품을 아무런 허락 없이 사용한다면 기분이 좋지는 않겠지요? 표절은 타인의 아이디어, 연구 내용 및 결과를 연구자에게 정당하게 승인을 받지 않았거나, 또는 인용 표시 없이 사용하는 행위를 말합니다. 적절한 인용 표시를 하지 않고 '복사하기'와 '붙여 넣기'를 하여 마치 자신이 연구한 것처럼 하는 것은 연구 윤리에 위반되는 행위입니다.

인용에는 크게 세 가지 방법이 있습니다. 선행 연구에서 직접 문장을 가지고 오는 '직접 인용', 선행 연구의 내용을 요약하거나 자신의 말로 표현한 '간접 인용', 다른 사람이 인용한 내용을 다시 인용하는 '재인용'이 있습니다. 인용 후에는 꼭 소논문의 마지막 부분에 들어가는 참고 문헌에 인용한 문헌을 다시 한 번 기록하여야 합니다. 인용 표시 방법은 여러 가지가 있습니다. 일관성을 가지고 한 가지 인용 표시 방법을 선택하여 기록해야 합니다.

 Bonus tip

연구 윤리

연구 윤리는 연구자가 정직하고 정확하며, 성실한 태도로 책임 있는 연구를 수행하기 위해 지켜야 할 윤리적 원칙 또는 행동 양식을 뜻합니다. 연구자가 표절, 위조, 변조, 저자의 무임승차 등 연구 윤리에 위반되는 행위를 하게 된다면 그 연구는 연구로서의 가치를 얻지 못합니다.

■ 저작권(copyright)

저작권이란 저작물을 창작한 저작자가 갖는 권리로 저작자의 허락 없이 사용하지 못하게 하는 배타적인 권리를 말합니다. 저작권에는 저작재산권, 저작인격권, 저작인접권이 있습니다. 저작재산권이란 저작자가 자신의 저작물로 경제적 이득을 얻을 수 있는 재산적인 권리를 뜻합니다. 저작인격권은 저작물이 사용되는 과정에서 저작자가 작품 속에 나타낸 창작 의도를 그대로 유지해야 한다는 권리입니다. 저작인접권은 저작자가 저작물을 남이 이용할 수 있도록 허락하는 권리입니다.

■ 표절 검사 방법

카피킬러 홈페이지(www.copykiller.com)에 자신이 작성한 소논문을 업로드하면 인용 및 참고 문헌에 대한 표절 여부를 확인할 수 있습니다. 회원 가입 후 라이트 버전을 이용하면 무료로 사용할 수도 있습니다.

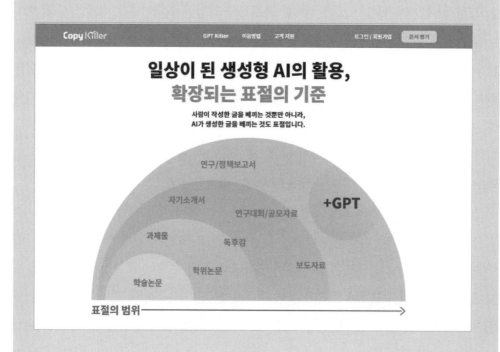

저작권 & 연구 윤리 위반, 나도 혹시?

❶ 확인되지 않은 자료를 그냥 가져다 쓰는 경우

❷ 참고 문헌에 인용 문헌을 작성하지 않은 경우

❸ 선행 연구의 내용을 살짝만 바꾸는 경우

❹ 연구 결과를 조작한 경우

❺ 표나 그림을 출처 없이 사용한 경우

❻ 참고 문헌을 거짓으로 작성하는 경우

🐿️❷ 직접 인용 방법 익히기

직접 인용은 다른 사람이 쓴 원문을 그대로 가져다 쓰는 것입니다. 3줄 이내로 사용되며, 수식이나 공식, 문학 작품이나 사료의 일부를 제시할 경우 적합합니다.

> 저자(발행 연도) "인용 문장"(인용 페이지).

아래의 예는 남태우 교수님이 2012년도에 쓴 《알렉산드리아 비블리오테카》에서 책의 어원에 대한 문장을 직접 인용한 예입니다.

> 남태우(2012)는 "책(冊)을 의미하는 'biblion'은 그리스어 'biblos'라는 낱말에서 유래된 것인데, 이 말은 또한 'papyrus'에서 기원한다."라고 설명하였다(p.9).

위와 같이 책이나 논문에 있는 문장을 그대로 가져오는 직접 인용의 경우에는 저자, 발행 연도, 큰따옴표(" "), 참고한 페이지를 정확히 기술하여야 합니다. 마지막 p.은 page의 약자이며 특정한 페이지를 의미합니다. pp.는 page to page의 약자로 여러 페이지를 표시하는 경우에 사용합니다.

직접 인용할 문장이 3줄이 넘을 경우에는 독립된 문단으로 구성하고 인용 문단 전체를 본문보다 안으로 들여 써야 합니다. 또한 인용 문장이 너무 길거나 인용하는 데 불필요한 부분이 있다면 3점 줄임표(…)로 생략하여 필요한 부분만 인용합니다.

> 조벽(2014)은 폭력에 대해 다음과 같이 설명하였다.
> "폭력이란 물리적으로 위협하는 것만이 아닙니다. 은근히 따돌리는 행위도 폭력이요, 욕설도 폭력이요, 귀찮게 하는 것도 폭력입니다. (…) 낮은 수위의 폭력도 허용하지 않는 무관용의 원칙이 필요합니다."라고 설명하였다(p.347).

원문을 그대로! 직접 인용 연습하기

▶ 다음은 직접 인용의 잘못된 예입니다. 앞서 배운 내용을 토대로 잘못된 점을 찾아 바르게 고쳐 봅시다.

참고 문헌

이병기(2007). 국가 수준의 교육 과정과 연계한 정보 활용 교육과 도서관 활용 수업의 제도화. 한국도서관정보학회, p.445.

잘못된 예

이병기는 도서관 활용 수업은 사서 교사와 교과 교사가 상호 협력 체계를 구축할 때 가장 효과적이다 라고 주장하였다.

바르게 고쳐 보기

ANSWER 이병기(2007)는 "도서관 활용 수업은 사서 교사와 교과 교사가 상호 협력 체계를 구축할 때 가장 효과적이다."라고 주장하였다(p.445).

🕊️❸ 간접 인용 방법 익히기

    간접 인용은 다른 사람이 쓴 원문을 그대로 가져다 쓰는 직접 인용과는 다르게 논문 작성자가 이해한 내용으로 요약하거나 말을 재구성하여 표현하는 것입니다. 저자, 발행 연도, 인용 페이지를 사용한다는 점에서 직접 인용과 유사하지만 간접 인용의 경우에는 인용한 문장의 마지막에 괄호를 넣고 출처를 적어 줍니다.

> ～다(저자, 발행 연도, 인용 페이지).

    다음은 직접 인용과 간접 인용의 비교를 나타내는 예시입니다.

> 직접 인용
> 남태우(2012)는 "책(冊)을 의미하는 'biblion'은 그리스어 'biblos'라는 낱말에서 유래된 것인데, 이 말은 또한 'papyrus'에서 기원한다."라고 설명하였다(p.9).
>
> 간접 인용
> 'papyrus'라는 단어는 그리스어 'biblos'의 어원이며, 책(冊)을 의미하는 'biblion'은 이 'biblos'로부터 유래되었다(남태우, 2012, p.9).

    간접 인용을 할 때 가장 중요한 것은 원저작자의 연구에 대한 의미를 변형시키지 말아야 한다는 점입니다. 간접 인용을 했다는 표시를 더 명확히 하고 싶다면 문장의 맨 앞에 '○○○에 따르면', '○○○에 의하면'과 같은 표현을 하여 간접적으로 인용되었다는 것을 표시해 주어도 좋습니다.

의미 변형은 안 돼! 간접 인용 연습하기

▶ 다음은 간접 인용의 잘못된 예입니다. 앞서 배운 내용을 토대로 잘못된 점을 찾아 바르게 고쳐 봅시다.

참고 문헌

이병기(2007). 국가 수준의 교육 과정과 연계한 정보 활용 교육과 도서관 활용 수업의 제도화. 한국도서관정보학회, p.445.

잘못된 예

도서관 활용 수업은 사서 교사와 교과 교사의 협력의 과정이며 이를 가장 잘 나타낼 때 그 효과가 극대화된다.

바르게 고쳐 보기

ANSWER 도서관 활용 수업은 사서 교사와 교과 교사의 협력의 과정이며 이를 가장 잘 나타낼 때 그 효과가 극대화될 수 있다(이병기, 2007, p.445).

🌀④ 재인용 방법 익히기

인용은 원문에서 바로 인용하는 것이 원칙이지만 부득이하게 원문을 찾기 어렵다거나 구할 수 없는 경우 다른 사람이 인용한 것을 다시 인용할 수도 있습니다. 재인용의 경우 인용한 문헌과 원문헌의 저자와 발행 연도, 인용 페이지를 모두 적어 주고 콜론으로 구분합니다.

> ~다(원저자, 발행 연도, 페이지: 인용한 저자, 발행 연도, 페이지에서 재인용).

> 'papyrus'라는 단어는 그리스어 'biblos'의 어원이며, 책(冊)을 의미하는 'biblion'은 이 'biblos'로부터 유래되었다(남태우, 2012, p.6: 이승민, 2016, p.26에서 재인용).

소논문을 쓰는 학생들이 가장 범하기 쉬운 실수가 인용 문헌이 원문헌인 줄 알고 인용하는 경우입니다. 특히 선행 연구에서 외국 문헌을 인용한 경우 원문헌을 찾기 힘들다는 이유로 선행 연구를 원문헌인 것처럼 출처로 밝히거나 재인용 표기를 하지 않는 경우가 있습니다. 명백히 연구 윤리에 위반되는 사항입니다.

또한 인용을 많이 하면 논문의 질이 떨어진다고 생각하는 사람들이 많습니다. 단순히 내용의 연결 없이 마구잡이로 가져다 붙이는 것은 '짜깁기 논문', '저질 논문'이라고 할 수 있습니다. 하지만 필요한 부분의 인용, 글과의 연결, 적절한 인용 표시는 소논문의 질을 더욱 향상시킬 수 있습니다.

인용하기! 어렵지 않습니다. 잘만 사용한다면 우리가 쓰는 소논문에 있어 게임의 필수 아이템과 같은 중요한 역할을 할 수 있습니다. 올바른 인용으로 논리가 탄탄한 소논문을 작성해 봅시다.

인용의 인용! 재인용 연습하기

▶ 다음은 재인용의 잘못된 예입니다. 앞서 배운 내용을 토대로 잘못된 점을 찾아 고쳐
봅시다.

참고 문헌

인용한 문헌
이병기(2007). 국가 수준의 교육 과정과 연계한 정보 활용 교육과 도서관 활용 수업의 제도
화. 한국도서관정보학회, p.445.

원문헌
Troutner, J. A.(1983). The media specialist, the Microcomputer, and the Curriculum.
Litteton: Libraries Unlimited. p.82.

잘못된 예

도서관 활용 수업은 사서 교사와 교과 교사의 협력의 과정이며 이를 가장 잘 나타낼 때 그
효과가 극대화된다.

바르게 고쳐 보기

ANSWER 도서관 활용 수업은 사서 교사와 교과 교사의 협력의 과정이며 이를 가장 잘 나타낼 때 그 효과가
극대화될 수 있다(Troutner, J. A. 1983, p.82: 이병기, 2007, p.445).

4. 주석 달기

🏹❶ 참조주와 내용주의 차이 알기

앞장에서 우리는 인용 표기의 이유와 대표적인 방법에 대해 알아보았습니다. 이번에는 다양한 인용 표기 방법들에 대해 알아보고 참고 문헌을 잘 정리하는 방법에 대해 살펴보겠습니다.

주석은 크게 '기능'과 '위치'에 따라 나뉠 수 있습니다. 우선 주석을 기능에 따라 나눈 '참조주'와 '내용주'에 대해 설명하겠습니다.

참조주는 인용하거나 참고한 내용을 밝히는 경우 사용하는 주(註)입니다. 간접 인용이나 직접 인용을 할 때 문장의 끝에 발행 연도나 인용 페이지를 적었지요? 우리가 앞에서 배운 인용 표기 방식도 참조주에 해당하는 것입니다.

> 간접 인용
> 'papyrus'라는 단어는 그리스어 'biblos'의 어원이며, 책(冊)을 의미하는 'biblion'은 이 'biblos'로부터 유래되었다(남태우, 2012, p.9).

앞에서 배운 간접 인용의 예시를 그대로 가져와 다시 살펴봅시다. 어디에 참조주가 있을까요? 위의 문장 "'papyrus'라는 단어는 그리스어 'biblos'의 어원이며, 책(冊)을 의미하는 'biblion'은 이 'biblos'로부터 유래되었다"는 간접 인용 문장이고, 그 뒤의 괄호 부분(남태우, 2012, p.9)이 참조주입니다.

그럼 내용주는 무엇일까요? 내용주는 논문을 쓰면서 논문 내용을 보충해 주고 싶을 때 쓰는 주입니다. 특수 용어, 전문 용어에 대한 개념, 정의 및 풀이, 본문 내용에 함께 넣기 어려운 보충 설명들이 있을 때 내용주로 표현합니다.

'papyrus[1]'라는 단어는 그리스어 'biblos'의 어원이며, 책(册)을 의미하는 'biblion'은 이 'biblos'로부터 유래되었다(남태우, 2012, p.9).

1) 외떡잎식물 벼목 사초과의 여러해살이 풀로 지중해 연안의 습지에서 무리 지어 자라며, 고대 이집트에서는 이 식물을 가지고 종이, 보트, 돛대, 매트, 의류, 끈 등을 만들었다(21세기 웅진학습백과사전, 2009).

위의 예를 보면 'papyrus' 옆에 작은 번호가 붙고 그에 대한 설명이 아래에 제공되어 있지요? 설명을 보충하고 싶은 단어나 문장 끝에 번호 표기를 하고 별도의 지정된 위치에 보충 설명을 넣습니다. 이처럼 다른 사람이 나의 소논문을 읽을 때 어려움이 없도록 보충해 주는 것을 내용주라고 합니다.

내용주는 위치적으로 본문의 각 페이지 하단이나 해당하는 장이 끝나는 페이지, 또는 책의 본문이 끝나는 맨 마지막 부분에 들어갑니다.

최대한 친절하게! 내용주 연습하기

▶ 다음은 학생 A가 소논문을 작성하며 겪은 상황입니다. 다음 상황에 맞도록 본문을 활용하여 내용주를 완성해 봅시다.

상황

1. A는 소논문을 작성하며 본문의 내용에 포함된 '범죄'라는 단어에 대한 보충 설명을 하고 싶다.
2. 범죄는 법질서에 의해 부정적으로 평가되는 행위와, 그로 인해 발생하는 부정적인 결과의 발생이다(헌법재판소, 2007).

본문

'일탈 행위'는 좁은 의미로 형법과 관련된 위반 행위인 범죄를 제외한 규칙 위반과 규범 위반을 뜻한다.

내용주 완성하기

'일탈 행위'는 좁은 의미로 형법과 관련된 위반 행위인 범죄 를 제외한 규칙 위반과 규범 위반을 뜻한다.

ANSWER '일탈 행위'는 좁은 의미로 형법과 관련된 위반 행위인 범죄[1]를 제외한 규칙 위반과 규범 위반을 뜻한다.

1) 범죄는 법질서에 의해 부정적으로 평가되는 행위와, 그로 인해 발생하는 부정적인 결과의 발생이다(헌법재판소, 2007).

🌀❷ 내주와 각주, 후주 작성 방법 익히기

참조주와 내용주가 기능에 따른 것이라면 내주, 각주, 후주는 위치에 따라 주(註)를 나눈 것입니다.

내주(內註)는 간접 인용할 때의 인용 표기 방법과 같이 본문 안에 저자명, 발행 연도, 인용 페이지 등을 괄호 안에 묶어서 기재하는 것입니다.

> 'papyrus'라는 단어는 그리스어 'biblos'의 어원이며, 책(冊)을 의미하는 'biblion'은 이
> 'biblos'로부터 유래되었다(남태우, 2012, p.9).

어디서 많이 본 것 같다고요? 네, 그렇습니다. 앞에서 배운 간접 인용문에 대한 참조 주가 위치로 따지면 본문 안에 위치하니까 내주가 되는 것이지요.

각주(脚註)는 내용주를 본문에 표기하는 방법과 같이 본문에 주석 번호를 표시하고 본문 하단에 주석의 번호와 일치하는 인용 문헌의 서지 사항을 기재하는 것입니다.

> 'papyrus[1]'라는 단어는 그리스어 'biblos'의 어원이며, 책(冊)을 의미하는 'biblion'은 이
> 'biblos'로부터 유래되었다(남태우, 2012, p.9).
>
> ───────────────
> 1) 외떡잎식물 벼목 사초과의 여러해살이 풀로 지중해 연안의 습지에서 무리 지어 자라며, 고대 이집트에서는
>   이 식물을 가지고 종이, 보트, 돛대, 매트, 의류, 끈 등을 만들었다(21세기 웅진학습백과사전, 2009).

'papyrus'에 대한 내용주가 본문 내용 안이 아닌 본문 아래에 위치하고 있지요? 각 주에서 각(脚)은 '다리 각'입니다. 각주는 '본문의 아래에 있는 주'라는 뜻을 가지고 있답 니다.

후주(後註)는 본문에 주석의 번호를 표시하고 문헌의 끝에 번호와 일치하는 서지 사항을 모두 기재하는 것입니다.

본문
'papyrus'라는 단어는 그리스어 'biblos'의 어원이며, 책(冊)을 의미하는 'biblion'은 이 'biblos'로부터 유래되었다.[1]
'papyrus'는 외떡잎식물 벼목 사초과의 여러해살이 풀로 지중해 연안의 습지에서 무리 지어 자라며, 고대 이집트에서는 이 식물을 가지고 종이, 보트, 돛대, 매트, 의류, 끈 등을 만들었다.[2]

참고 문헌
[1] 남태우(2012). **알렉산드리아 대 도서관.** 대구: 태일사.
[2] 웅진씽크빅(편)(2009). **21세기 웅진학습백과사전: 17.** 서울: 웅진씽크빅.

주석을 표기하는 방법은 다양합니다. 어떤 것을 선택해도 좋습니다. 중요한 것은 올바른 연구 윤리를 가지고 정확하고 일관성 있게 주를 표기했느냐 하는 점입니다.

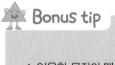 **Bonus tip**

HWP 각주 넣는 방법

1. 인용한 문장의 맨 마지막에 마우스 포인터를 클릭한다.
2. 메뉴의 입력-주석-각주를 클릭한다.
3. 주석 표기 방법에 따라 참고 문헌을 작성한다.

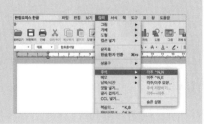

위치가 중요해! 각주와 내주 연습하기

▶ 다음 보기를 각주와 내주로 작성해 봅시다.

참고 문헌

이기완(2010). 일본의 대중 인식과 대중 정책. 통일문제연구, 22(1), pp.191-224.

참고 내용

1981년에는 무역액이 비약적으로 증가하여 1972년 국교 회복 때보다 10배 이상 증가했고, 인적 교류도 14배까지 증가했다(p.199).

각주 연습하기

1981년에는 무역액이 비약적으로 증가하여 1972년 국교 회복 때보다 10배 이상 증가했고, 인적 교류도 14배까지 증가했다.[1]

_____

1)

ANSWER 1) 이기완, 2010. 일본의 대중 인식과 대중 정책. 통일문제연구, 22(1), p.199

내주 연습하기

1981년에는 무역액이 비약적으로 증가하여 1972년 국교 회복 때보다 10배 이상 증가했고, 인적 교류도 14배까지 증가했다(   ).

ANSWER 이기완, 2010, p.199

5. 참고 문헌 쓰기

🐦❶ 참고 문헌 작성 방법 알기

 소논문을 쓰다 보면 다양한 선행 연구들을 인용할 뿐만 아니라 연구 방법이나 연구의 내용들을 참고하게 됩니다. 참고한 단행본, 논문, 신문, 인터넷 자료는 참고 문헌으로 모아서 정리합니다. 참고 문헌이란 본문 작성에 참고한 자료의 서지 사항을 일정한 양식에 따라 논문 마지막 부분에 모아 놓은 목록을 말합니다. 인용 표기 방법이 다양한 것처럼 참고 문헌을 작성하는 방법도 대학별로, 학회별로 다양합니다. 이 책에서는 사회 과학 분야에서 가장 많이 통용되는 APA(미국심리학회: American Psychological Association)가 제시하는 참고 문헌 작성법에 따라 참고 문헌을 정리하고자 합니다.

 ■ 단행본(도서)

저자명(출판 연도). 도서 제목. 출판 도시 : 출판사.

 각각의 사항 뒤에는 온점을 찍어 구분해 주며 출판 연도는 괄호 안에 넣습니다. 참고 문헌을 작성할 때는 도서에 대한 쪽 번호는 적지 않습니다. 저자가 여러 명일 경우 쉼표로 구분하고, 저자가 단체인 경우 단체명을 표기합니다. 여러 권으로 된 도서의 경우 도서 제목 뒤에 해당 권수를 써 줍니다.
 영문 도서명은 이탤릭체로, 국내 도서명은 『 』혹은《 》로 묶고, 도서에 수록된 단편은「 」혹은〈 〉로 묶어 표기하는 것이 관례였지만, 최근에는 한글 워드프로세서가 널

리 사용되면서 도서명만 진한 글씨로 표기하는 방식을 많이 따르고 있습니다.

　⑩ 소병문, 백제헌, 유은혜, 이승민(2014). **고등학생 소논문쓰기 어떻게 시작할까?.** 서울: 씨앤톡.

■ 학위 논문

> 저자명(출판 연도). 논문 제목. 학위 논문. 학위 수여 기관.

단행본 표기와 같이 각각의 사항 뒤에는 온점을 찍어 구분합니다. 학위 논문 사항에는 석사 학위 논문 또는 박사 학위 논문이라고 적어 주며, 학위 수여 기관 사항에는 대학, 대학원, 학과명 순으로 기술합니다.

　⑩ 소병문(2007). 15세기 국어 수사 의문문 연구. 석사 학위 논문. 한국학중앙연구원 한국학대학원 국어학.

■ 학술지

> 저자명(출판 연도). 논문 제목. 학회 이름, 권(호), 수록된 페이지.

기술 방식이 학위 논문과 유사하지만 학술지의 경우는 해당 논문이 시작되고 끝나는 페이지를 정확히 표기하여야 합니다. 학술지에는 '권'과 '호'가 있습니다. 월간의 경우 '권(Volume)'은 보통 1년 단위로 번호를 부여하는데, 이를 통해 해당 학회지의 발행된 연도를 알 수 있습니다. '호(Number)'는 그 달에 나온 학술지 한 권을 뜻합니다. '25권 2호'라고 하면 보통 25년째 발행되고 있으며 올해 2권째 나왔다는 의미로 통용됩니다.

　⑩ 이정미(2015). 도서관에 대한 인식과 정보 이용 분석 연구. 한국비블리아학회, 26(3), pp.291-314.

■ 신문

> 기자명(발행 연.월.일.). 기사 제목. 신문사명, 페이지.

신문 자료는 특별히 발행된 연월일과 기사가 기재된 페이지를 기재합니다. 인터넷 신문의 경우에는 마지막에 사이트 주소(URL)를 적습니다.

　⑩ 정원엽(2015.11.4.). 중국·대만 첫 정상회담. 중앙일보, p.1.
　　양태훈(2015.11.24.). 올해 OLED 스마트폰 출하량 2억대 돌파. 〈http://news.inew24.com〉.

■ 인터넷 자료

웹사이트명(작성 연도). 자료 제목. [검색 날짜]. 〈사이트 주소〉.

인터넷 자료는 블로그나 카페에 있는 자료보다 직접 원문을 찾아 자료로 이용해야
합니다. 인터넷 자료를 표기할 때에는 검색 날짜와 사이트 주소를 적습니다.

 교육부(2015). 2015 주요 정책 과제. [2015.11.11.]. 〈http://www.moe.go.kr〉.

Bonus tip

참고 문헌 쉽게 정리하기

원문 정보를 제공하는 DBpia(www.dbpia.co.kr)에서는 이용한 문헌을 참고 문헌 작성 방식에 맞춰
자동으로 제공합니다. 예를 들어 '인용하기'를 클릭하면 자신이 이용한 참고 문헌을 이메일, 엑셀 문
서 등으로 형식에 맞춰 자동으로 생성하여 보내 줍니다.

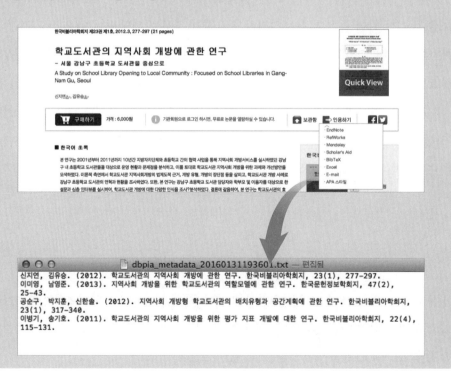

눈팅만 하지 말고 적어 봐! 참고 문헌 정리하기

▶ 소논문을 쓰면서 이용했던 참고 문헌을 기술 양식에 맞춰 정리하여 봅시다.

	저자명(출판 연도). 도서 제목. 출판 도시 : 출판사.
단행본	

학위 논문	저자명(출판 연도). 논문 제목. 학위 논문. 학위 수여 기관.

	저자명(출판 연도). 논문 제목. 학회 이름, 권(호), 수록된 페이지.
학술지	

	기자명(발행 연.월.일.). 기사 제목. 신문사명, 페이지.
신문	
	웹사이트명(작성 연도). 자료 제목. [검색 날짜]. 〈사이트 주소〉.
인터넷 자료	

 Bonus tip

참고 문헌의 상세 기술 양식

			저자명(출판 연도). 도서 제목. 출판 도시: 출판사.	
단행본	저자수	단독 저자	저자가 한 명인 경우	
			김영호(2015). 열 살에 꼭 알아야 할 한국사. 서울: 나무생각.	
		다수 저자	저자가 2명 이상인 경우, 저자명 사이에 쉼표(,) 삽입	
			소병문, 백제헌, 유은혜, 이승민(2014). 고등학생 소논문쓰기 어떻게 시작할까?. 서울: 씨앤톡.	
		단체 저자	저자가 단체인 경우, 저자명에 단체명을 표기	
			한국심리학회(1996). 한국심리학회 50년사. 서울: 교육과학사.	
	저자, 편집자, 번역자	저자 없이 편집자가 있는 도서	저자명 뒤에 (편)을 표기	
			수전 케네디(편)(2014). 우리가 지금껏 보지 못했던 20세기 역사. 서울: 지식갤러리.	
		저자와 번역자가 있는 도서	원저자명을 쓰고 뒤에 번역판 출판 연도를 괄호 안에 표기, 번역서명 뒤 괄호를 넣고 역자명을 표기	
			미국심리학회(2013). APA 논문작성법(강진령 역). 서울: 학지사. (원서출판 2010).	
	여러 권으로 된 도서		권수가 많은 도서의 경우 표제 뒤에 해당 권수 표기	
			Rowling, J. K.(2002). 해리 포터와 불의 잔(Vol.4). 서울: 문학수첩.	
학위 논문			저자명(출판 연도). 논문 제목. 학위 논문. 학위 수여 기관.	
			소병문(2007). 15세기 국어 수사 의문문 연구. 석사 학위 논문. 한국학중앙연구원 한국학대학원 국어학.	
학술지			저자명(출판 연도). 논문 제목. 학회 이름, 권(호), 수록된 페이지.	
			이정미(2015). 도서관에 대한 인식과 정보 이용 분석 연구. 한국비블리아학회, 26(3), pp.291-314.	
신문			기자명(발행 연.월.일). 기사 제목, 신문사명, 페이지.	
			정원엽(2015.11.4.). 중국-대만 첫 정상회담. 중앙일보, p.1.	
인터넷 자료			웹사이트명(작성 연도). 자료 제목. [검색 날짜]. 〈사이트 주소〉	
			교육부(2015). 2015 주요 정책 과제. [2015.11.11.]. 〈http://www.moe.go.kr〉	
법률 정보원			법률명, 법률 번호(법률 제정 연도)	법률 제목과 법률 번호 유의
			학교도서관진흥법. 법률 제11690호(2013).	
사전, 백과사전			출판자(출판 연도). 사전 이름: 권. 출판 도시출판사.	일반 도서와 표기는 같으나 저자, 편집자, 권수에 유의
			웅진씽크빅(편)(2009). 21세기 웅진학습백과사전: 16. 서울: 웅진씽크빅.	
정부 간행물			기관(출판 연도). 자료 제목. 출판 도시: 출판사.	단행본과 같이 기술
			국가기록원(2009). 이것만 알면 기록관리 기초 튼튼! 기록관리 길라잡이. 대전: 국가기록원.	
기술·연구 보고서			저자명(출판 연도). 자료 제목(보고서 번호). 출판 도시: 출판사.	연구 보고서를 배정했을 경우, 제목 뒤 소괄호 안에 넣어 표기
			이호영, 조성은(2015). 글로벌 시대 소셜 미디어와 디지털 문화정책의 미래(기본연구 14-15-02). 서울: 정보통신정책연구원.	

step 1
연구 주제

CASE & KNOWHOW
친 구 들 의 이 야 기

주제를 정하는 것부터 너무 막막해.

☺ 처음부터 난관에 부딪혔던 부분은 '주제 정하기'였다. 어떤 주제로 소논문을 써야 할지 너무 막막했기 때문이다. 내가 잘하고 있는 것이 맞나? 이 소논문을 과연 완벽하게 완성시킬 수 있을까? 나도 소논문을 완성해서 성취감을 느끼고 싶은데……. 이런저런 변덕스러운 감정들이 뒤섞인 채로 소논문 쓰기를 시작했다.

진로 연계 주제도 중요하지만, 흥미를 가질 수 있는 주제를 찾는 게 중요하지.

☺ 어떤 주제를 정해야 내가 즐겁게 쓸 수 있고 나에게 도움이 될지 끊임없이 고민했다. 나의 진로에 도움이 되는 주제도 중요하지만 결국 내가 즐겁게 쓸 수 있고 흥미를 가질 만한 주제를 선택하는 데 우선 순위를 두었다. 만약 진로와 관련 있는 것으로 무작정 어렵고 전문적인 주제를 정했다면, 나는 소논문 쓰기를 중도에 포기했을지도 모른다.

☺ 우선 어떤 주제를 선정하느냐가 나에게는 더없이 중요했다. 나는 계속 장래 희망과 관련된 주제만을 생각했다. 물론 그 기준에서 주제를 찾는 것도 나쁘진 않지만 소논문을 앞서서 써 본 선배들은 평소 관심이 있고 재미있어하는 분야를 고려해 보라고 조언했다. 바꾸어 생각하니 신기하게도 관심 분야가 금방 떠올랐고, 짧은 시간 안에 목차의 흐름이나 그 논문을 통해 말하고자 하는 핵심이 무엇인지까지 대략적인 틀을 잡을 수 있었다.

광범위한 주제의 방향을 구체적으로 잡아 가는 과정이 필요해.

☺ 나의 경우에는 쓰고 싶은 것은 확실했으나 기초적 지식과 배경 지식이 부족했기 때문에 주제 잡기가 특히 어려웠다. 그래서 내가 이 논문의 주제를 처음 생각했을 때 쓰고 싶었던 방향을 공책에 마구잡이로 써 놓고는 필요한 내용과 불필요한 내용으로 분류해 가며 목차를 정리했다. 주제는 먼저 자료를 수집하고 내용을 어느 정도 숙지한 뒤 정했다.

☺ 나름 깊이 있는 주제를 정했다고 생각했던 터라, 선생님으로부터 주제가 광범위하다고 더 구체적일 필요가 있다는 말을 들었을 때는 어떻게 해야 할지 막막했다. 선생님은 국회도서관에 대해 알려 주며, 거기서 관련 논문을 찾아보라고 조언해 주었다. 국회도서관에 들어가 논문을 검색해 본 뒤에야 나는 선생님의 말을 이해할 수 있었다.

☺ 연구를 계획하면서 제일 처음 하는 일이 주제 정하는 것이다. 막연히 어떤 것을 연구하겠다는 생각에서 구체적으로 연구 방향을 정하는 것이 중요하다. 나는 구글을 적극 활용하여 선행 연구를 찾아보았다. 자신이 특정 주제에 대해 연구할 것이라고 결정했을 때 선행 연구를 찾아 관련된 논문이 많이 있는지 알아보는 것이 좋은 방법이다. 선행 연구가 적다면 소논문을 작성하는 데 자료 부족으로 어려움을 겪을 수 있기 때문이다.

☺ 신경과 의사라는 내 꿈과 직접적인 관련이 있는 '뇌 과학'을 주제로 하려고 했다. 하지만 구체적인 연구 주제를 잡을 때 선행 연구가 많이 없고, 변수를 무엇으로 설정해야 할지 막막했기 때문에 결국 '감염성 질환'으로 주제를 바꾸었다. 2015년의 화두였던 감염성 질환이 바로 '메르스'다. 구체적인 연구 방향을 정할 때, 의학 분야에서 임상 분야에 대한 연구는 고등학생에게 한계가 있다고 생각했다. 따라서 나는 메르스에 대한 우리나라의 대응 방식을 분석하고 부족한 점에 대해서는 개선 방안을 제시하기로 했다.

소논문 쓰기를 지도하다 보면 평소 관심 분야에 대한 연구를 진행하고 싶다는 학생보다 무엇을 써야 할지 모르는 학생이 더 많습니다. 평소 학업에만 열중하느라 특정 주제에 대해 진지하게 고민해 보지 않은 학생들에게 자신만의 관심사가 없다는 건 당연한 일일지도 모릅니다.

그럼 지금부터 우리가 무엇에 관심이 있고 흥미가 있는지 연구 주제 정하기를 통하여 확인해 보도록 하겠습니다. 연구 주제 정하기는 어렵지 않습니다. 연구 주제는 매우 다양하기 때문입니다. 어떤 것이든지 소논문으로 쓸 수 있습니다. 단, 나와 연관이 있는 주제라면 소논문을 쓰면서 더욱 흥미를 느낄 수 있겠죠?

그렇다면 나와 연관된 주제란 무엇일까요? 나와 연관된 주제를 찾는다는 것은 나를 잘 돌아본다는 의미입니다. 내가 좋아하는 것은 무엇일까? 내가 관심 있고 흥미를 가지는 것은 무엇일까? 내가 꿈꾸는 것은 무엇일까? 이런 질문들을 나에게 던져 보는 것이 시작입니다. 이 과정을 통해 소논문의 주제가 될 수 있는 연구 문제를 찾아낼 수 있습니다.

나의 관심 분야를 찾는 과정을 통해 내가 정말 알고 싶고 연구해 보고 싶은 관심사를 충분히 탐색했다면, 이제 연구 주제를 정하는 과정에서는 나의 관심 분야 중에서 소논문 쓰기에 도전할 만한 가치가 있는 좋은 연구 주제를 찾아야 합니다.

나와 연관된 주제 범위

그럼 어떤 연구 주제가 좋은 연구 주제일까요?

좋은 연구 주제란?

- 내가 평소에 관심이 있던 주제
- 나의 진로와 관련이 있는 연구 주제
- 고등학생 수준에서 연구하고 문제 해결이 가능한 주제
- 연구할 만한 가치가 있는 주제

연구 주제를 선정한다는 것은 완전히 새로운 것이나 어려운 것을 찾는 것이 아닙니다. 소논문 쓰기를 통해 여러분이 배울 수 있는 것은 스스로 연구 주제를 정하고, 스스로 필요한 자료를 찾아 해석하고, 이를 자신의 관점으로 풀어 써 보는 과정입니다. 창의적이고 독창적이며 특별한 연구 주제를 찾으려고 스트레스 받지 마세요. 연구 주제를 너무 거창하게 생각할 필요도 없습니다. 그리고 막연한 두려움에 빠질 이유도 없습니다. 여러분이 평소에 궁금했던 것을 연구 주제로 정해 보세요.

단계별 CHECKLIST

☐ 연구 주제가 평소에 내가 관심 가지고 있던 주제인가?
☐ 연구 주제가 나의 진로와 관련이 있는 주제인가?
☐ 학생 수준에서 연구하고 해결할 수 있는 연구 주제인가?
☐ 연구할 만한 가치가 있는 연구 주제인가?

A c t i o n 1 좋아하는 교과에서 관심사 찾기

나의 관심사 찾기 첫 번째! 내가 좋아하는 교과에서 관심사 찾기입니다. 학교를 다니며 특별히 좋아하는 교과가 있나요? 왜인지는 모르지만 하다 보니 재미있고 조금 더 공부해 보고 싶은 단원이 있었나요? 그렇다면 그 교과와 단원에 관련하여 조금 심도 깊은 공부를 한다 생각하고 소논문을 시작해 봅시다.

이해가 가지 않는다고요? 그렇다면 고등학교에 다니고 있는 김○○ 학생의 예를 들어 보겠습니다.

> 오늘도 열심히 학교를 다니고 있는 김○○ 학생(18세)은 소논문을 쓰기로 결심한다. 김○○은 수학, 과학에 관심이 많은 전형적인 이과생. 막상 소논문을 쓴다고 결심했지만 무엇을 써야 할지 모르겠다는 생각이 든다. 무엇을 쓸까 고민하다가 머리가 아파 평소 좋아하는 수학 문제집을 폈다. 지난 수학 시간에 피타고라스, 아르키메데스, 남병길 등 여러 유명 수학자들에 대해 수학 선생님이 재미있게 말씀해 주신 것이 기억났다. 막연히 수학에 대해 관심을 가지고 있던 김○○은 소논문 쓰기 워크북을 펼쳐 보며 수학 영역에 무엇이 있는지 관찰했다. 김○○은 수학 영역에 수학, 미적분, 확률통계, 기하 과목이 있다는 것은 알고 있었지만 각 과목별로 단원 및 영역이 그렇게 많은 줄은 몰랐다. 김○○은 영역들을 살펴보며 지난 수학 시간 재미있게 들었던 수학사에 대해 연구해 보기로 결정하였다.

이번 Action에서는 자신이 막연하게 좋아하는 교과목에서 특정 분야의 관심사로 조금 더 구체적인 소논문 연구의 방향을 찾아보는 것입니다. 이번 단계 실전 워크북에는 2015 개정 교육 과정을 토대로 국어, 과학, 한문, 수학, 사회, 음악, 체육, 도덕, 영어, 기술 가정의 총 10개 교과, 31개 과목에 대해 간단하게 표로 정리해 놓았습니다. 천천히 보면서 자신이 좋아하거나 관심 있는 교과목을 확인하고 관련 단원 및 분야를 체크해 봅시다.

무슨 과목이었더라? 교과 관심사 체크하기

▶ 자신이 관심을 갖고 있는 교과에서 관심사를 찾아 체크하여 봅시다.

국어	국어	☐ 언어예절 ☐ 토론 ☐ 협상 ☐ 의사소통 ☐ 읽기 ☐ 쓰기 ☐ 맞춤법 ☐ 문법 ☐ 서정 ☐ 서사 ☐ 극 ☐ 시
	화법과 작문	☐ 대화 ☐ 토론 ☐ 면접 ☐ 발표 ☐ 연설 ☐ 소개 ☐ 보고 ☐ 설득 ☐ 건의
	독서	☐ 사실적·추론적·비판적·감상적·창의적 읽기 ☐ 분야별 글 읽기 ☐ 독서 문화
	언어와 매체	☐ 국어의 위상 ☐ 매체소통 ☐ 음운 ☐ 품사 ☐ 새말 ☐ 다양한 매체와 소통
	문학	☐ 작가 ☐ 독자 ☐ 문학과 매체 ☐ 갈래 ☐ 문학과 시대 상황 ☐ 한국과 외국 문학 비교
과학	물리	☐ 시공간 ☐ 운동 ☐ 힘 ☐ 역학적 에너지 ☐ 전기 ☐ 자기 ☐ 열효율 ☐ 파동 ☐ 광통신 ☐ 빛과 물질의 이중성
	화학	☐ 물질의 구성 입자(전자, 물, 주기성 등) ☐ 화학 결합 ☐ 화학 반응(☐ 산화 ☐ 환원) ☐ 에너지 출입
	생명과학	☐ 동물의 구조와 기능 ☐ 자극 ☐ 반응 ☐ 방어 작용 ☐ 생식 ☐ 유전 ☐ 진화 ☐ 생태계와 상호 작용 ☐ 광합성 ☐ 호흡
	지구과학	☐ 판 구조론 ☐ 지구 구성 물질 ☐ 지구 역사 ☐ 해수의 성질과 순환 ☐ 대기의 운동과 순환 ☐ 대기와 해양의 상호 작용 ☐ 별의 특성과 진화 ☐ 우주의 구조와 진화 ☐ 태양계
	과학사	☐ 과학에 대한 철학적 접근 ☐ 과학에 대한 역사적 접근 ☐ 고대 과학 ☐ 중세 과학 ☐ 근대 과학 ☐ 현대 과학 ☐ 동양 과학사 ☐ 한국 과학사 ☐ 과학과 사회
한문	한문	☐ 한자 모양 ☐ 짜임 ☐ 품사 ☐ 문장 구조 ☐ 일상 및 학습 용어 ☐ 한문과 인성 ☐ 한문과 문화
수학	수학	☐ 다항식 ☐ 방정식·부등식 ☐ 도형의 방정식 ☐ 집합·명제 ☐ 함수 ☐ 경우의 수 ☐ 수학사
	미적분	☐ 수열의 극한 ☐ 급수 ☐ 함수의 미분 ☐ 도함수 ☐ 정적분
	확률통계	☐ 순열과 조합 ☐ 이항 정리 ☐ 조건부 확률 ☐ 확률의 뜻 및 활용 ☐ 확률 분포 ☐ 통계적 추정
	기하	☐ 이차 곡선 ☐ 벡터의 연산 ☐ 평면 벡터의 성분과 내적 ☐ 직선과 평면 ☐ 정사영 ☐ 공간좌표
사회	한국사	☐ 고조선 ☐ 고구려·백제·신라·고려·조선 각국의 종교 ☐ 정치 ☐ 문화 ☐ 근현대사
	동아시아사	☐ 선사 문화 ☐ 국제 관계의 다원화 ☐ 유학과 불교 ☐ 제국주의 ☐ 근대화 운동 ☐ 갈등과 화해
	세계사	☐ 인류의 출현과 선사 문화 ☐ 이슬람 문화 ☐ 유럽의 형성 ☐ 민족주의 운동 ☐ 세계 대전 ☐ 냉전

	경제	☐ 희소성 ☐ 비용과 편익 ☐ 시장경제 체제 ☐ 수요 ☐ 공급 ☐ 노동·금융시장 ☐ 인플레이션 ☐ 재정 정책 ☐ 통화 정책 ☐ 무역 ☐ 환율 ☐ 국제수지 ☐ 자산과 부채
	정치와 법	☐ 민주주의 ☐ 헌법 ☐ 기본권 ☐ 지방 자치 ☐ 정치 참여 ☐ 선거제도 ☐ 이익 집단과 시민 단체 ☐ 언론 ☐ 민법 ☐ 형법 ☐ 근로자의 권리 ☐ 인권보장 ☐ 국제 관계 ☐ 국제법 ☐ 국제기구
	사회문화	☐ 사회화 ☐ 지위 ☐ 역할 ☐ 역할 갈등 ☐ 사회 조직 ☐ 일탈 행동 ☐ 하위문화 ☐ 대중문화 ☐ 대중매체 ☐ 문화 변동 ☐ 사회 계층 구조 ☐ 사회 복지 ☐ 저출산·고령화 ☐ 세계 시민 ☐ 지속 가능한 사회
	한국지리	☐ 국토의 위치와 영토 문제 ☐ 하천 지형 ☐ 화산 지형 ☐ 기후와 인간 ☐ 지역 개발 ☐ 재개발 ☐ 인구 분포 ☐ 지역의 의미와 지역 구분
	세계지리	☐ 세계화와 지역화 ☐ 열대·온대 기후 ☐ 종교의 전파 ☐ 식량 자원 ☐ 지역적 자원 분포 및 산업구조 쟁점 ☐ 경제 블록의 형성 ☐ 지구적 환경문제 ☐ 세계 평화
음악	음악	☐ 시대별 특징 ☐ 문화적 배경 ☐ 음악적 표현 ☐ 음악의 의도 ☐ 음악의 가치
체육	체육	☐ 건강관리 ☐ 체력관리 ☐ 여가생활 ☐ 경기전략 ☐ 경기예절 ☐ 신체표현 ☐ 안전사고
도덕	생활윤리	☐ 윤리적 성찰 ☐ 자기존중 ☐ 생명윤리 ☐ 직업윤리 ☐ 도덕적 공동체 ☐ 윤리적 소비 ☐ 미적 가치 ☐ 자연윤리 ☐ 평화와 공존 ☐ 문화의 다양성 ☐ 종교의 공존과 관용
	윤리사상	☐ 성실 ☐ 배려 ☐ 정의 ☐ 책임에 대한 한국의 윤리 사상 ☐ 서양의 윤리 사상
영어	영어회화	☐ 맥락 ☐ 대화 ☐ 의미 전달 ☐ 의미 교환
	독해작문	☐ 논리적 관계 ☐ 행간의 의미 ☐ 문장 작성
	영어	☐ 소리 ☐ 강세 ☐ 리듬 ☐ 억양 ☐ 흐름 ☐ 철자 ☐ 사건의 순서 ☐ 논리적 관계
기술가정	기술가정	☐ 인간과 성 ☐ 육아 ☐ 주택 ☐ 가족의 의미 ☐ 노후 생활 ☐ 제조 ☐ 건설 ☐ 산업 재해 ☐ 직업 ☐ 창업

※ 국가교육과정정보센터(NCIC)에서 제공하는 2015 개정 교육 과정을 토대로 수정하였습니다.

 Bonus tip

교육 과정 탐색 정보원

- 국가교육과정정보센터(https://www.ncic.re.kr)
  – 교육부와 한국교육과정평가원에서 공동으로 운영하고 있는 국내외 교육 과정 정보 공유 시스템
  – 세계 17개 국가의 교육 과정 및 유·초·중등의 각급 학교별 교육 과정 자료 탑재
- 한국교육과정평가원(https://www.kice.re.kr)
  – 고등학교 이하 각급 학교의 교육 과정을 연구·개발하고, 각종 학력 평가를 연구·시행
  – 학교 교육의 질적 향상 및 교육의 발전에 이바지하는 것을 목적으로 설립

Action 2 흥미롭게 생각하는 것에서 관심사 찾기

이번에는 내가 흥미롭게 생각하는 것에서 관심사 찾기입니다. 우리는 너무 바쁜 나머지 우리가 무엇에 관심이 있고 무엇에 흥미가 있는지 놓치기 일쑤입니다. 우리가 매일 타고 있는 자동차, 입고 있는 옷과 신발, 먹고 있는 음식 등등 조금만 눈길을 준다면 모두 우리가 연구해 볼 수 있는 관심사가 될 수 있습니다.

다음은 소논문을 쓰고 싶어 하는 A학생과 B학생의 대화입니다.

> A 학교에서 소논문을 쓴다는데 나도 해 보고 싶다. 그런데 뭘 써야 하지?
>
> B 그러게. 나도 뭘 해야 할지 모르겠어. 막연하다.
>
> A 그런데 너 요즘 음악 많이 듣네. 무슨 음악 들어?
>
> B 걸그룹 음악 듣지. 머리 아플 때는 신나는 음악이 최고야.
>
> A 나도 걸그룹 좋아해! 공부하느라 지칠 때 걸그룹 사진 보면서 음악 들으면 기분이 좋아져.
>
> B 요즘 걸그룹 K-pop이 대세라는데 너도 결국 어쩔 수 없는 남자구나.

A학생과 B학생이 놓치고 있는 부분이 무엇일까요? A학생과 B학생은 소논문을 이야기하면서 자신들이 공통적으로 흥미롭게 생각하는 관심사를 이미 말하고 있습니다. 제가 만약 그 자리에 있었다면 'K-pop'이나 '한류'에 대해 소논문을 써 보라고 권했을 겁니다. '무엇으로 소논문을 써야 하는가?'에 대한 해답은 멀리 있지 않습니다. 그게 어떻게 소논문거리가 될 수 있냐고요? '그게' 바로 여러분의 훌륭한 소논문 주제가 될 수 있으니, 평소 여러분이 관심 있는 것을 잘 찾아보세요.

이번 단계 실전 워크북에서는 국립중앙도서관이 서비스하는 '사서에게 물어보세요' 코너 중 참고정보원-정보길잡이에 있는 가나다순 검색 키워드를 소개하고 있습니다. 사람들이 많이 물어보는 질문에 대한 키워드를 잘 정리해 놓아서 이용자들이 손쉽게 정보를 찾을 수 있습니다. 여러분이 흥미롭게 생각되는 것이 있는지 체크해 보세요.

덕후라 불러도 좋아! 흥미 있는 관심사 체크하기

▶ 평소 흥미 있는 자신의 관심사를 찾아 체크해 봅시다.

가	☐ 감정노동 ☐ 경영 ☐ 경제학 ☐ 경제협력개발기구 ☐ 고려가요 ☐ 고려대장경 ☐ 고령화 사회 ☐ 고전소설 ☐ 공공데이터 ☐ 공기정화식물 ☐ 공동 주택 ☐ 공룡 ☐ 공연예술 ☐ 공정무역 ☐ 공직윤리 ☐ 과거제도 ☐ 교육학 ☐ 국가 정보기관 ☐ 국방 ☐ 기계 ☐ 기업 정보 ☐ 김장
나	☐ 나비 ☐ 낙동강 ☐ 남북 이산가족 ☐ 넬슨 만델라 ☐ 노벨문학상 ☐ 농림 축산 ☐ 나홀로 소송
다	☐ 다국적 기업 ☐ 다문화 도서관 서비스 ☐ 다문화가족 ☐ 대중문화 ☐ 대체에너지 ☐ 대체의학 ☐ 도시행정 ☐ 도서관 ☐ 독립운동가 ☐ 독서법 ☐ 독도 ☐ 동물학 ☐ 동북공정 ☐ 동계올림픽
라	☐ 라틴어 ☐ 로봇 ☐ 로스쿨
마	☐ 메타데이터 ☐ 무역 ☐ 문헌정보학 ☐ 문화콘텐츠 ☐ 물리학 ☐ 뮤지컬 ☐ 미생물 ☐ 미술 ☐ 민속
바	☐ 바이오에너지 ☐ 박물관 ☐ 방언 ☐ 방사능 ☐ 법 ☐ 병역 의무 ☐ 블랙홀 ☐ 브랜드 ☐ 비트코인 ☐ 빅데이터
사	☐ 사물인터넷 ☐ 사서 ☐ 사주 ☐ 사회복지 ☐ 사회적 자본 ☐ 삼일운동 ☐ 생명과학 ☐ 생명윤리 ☐ 생활과학 ☐ 성인병 ☐ 서예 ☐ 세계사 ☐ 소비자기본법 ☐ 소셜 네트워크 서비스 ☐ 수영 ☐ 수필 ☐ 수학 ☐ 시맨틱 웹 ☐ 식물학 ☐ 식품첨가물 ☐ 심리학 ☐ 스마트폰
아	☐ 아동학대 ☐ 아메리카 ☐ 아시아 ☐ 아프리카 ☐ 야생화 ☐ 야스쿠니 신사 ☐ 약용식물 ☐ 약학 ☐ 언론 ☐ 언어 ☐ 에티켓 ☐ 영유아 보육정책 ☐ 예방의학 ☐ 영미문학 ☐ 와인 ☐ 우리나라 교과서 ☐ 원자력 ☐ 월드컵 ☐ 웹툰 ☐ 음악 ☐ 유비쿼터스 ☐ 유전자 재조합 식품 ☐ 유학 ☐ 의학 ☐ 일본 ☐ 인터넷 소설 ☐ 인터넷 윤리 ☐ 일본군 위안부 ☐ 입학사정관제 ☐ 인공위성 ☐ 인공지능
자	☐ 자료보존 ☐ 자유무역협정 ☐ 자유학기제 ☐ 재료, 금속 ☐ 전기자동차 ☐ 저작권 ☐ 전기·전자 ☐ 전자도서관 ☐ 저출산 대책 ☐ 정치 ☐ 전자책 ☐ 제2차 세계대전 ☐ 조류인플루엔자 ☐ 조선왕조실록 ☐ 종교 ☐ 줄기세포 ☐ 족보 ☐ 증강현실 ☐ 지구과학 ☐ 지구온난화 ☐ 지방선거 ☐ 지진 ☐ 집단따돌림
차	☐ 천문학 ☐ 철학 ☐ 체육 ☐ 치매
카	☐ 커피 ☐ 컴퓨터
타	☐ 탄소 ☐ 토목, 건축 ☐ 통계 ☐ 통계적 품질관리 ☐ 통화 정책 ☐ 트렌드 ☐ 특허
파	☐ 포퓰리즘 ☐ 풍수 ☐ 풀리처상 ☐ 필라테스
하	☐ 학습장애 ☐ 학위 논문 작성 및 검색 ☐ 한국지리 ☐ 한국문학 ☐ 한국사 ☐ 한국십진분류법 ☐ 한류문화 ☐ 한복 ☐ 한국전쟁 ☐ 한옥 ☐ 항공우주 ☐ 해양수산 ☐ 핵무기 ☐ 행정 ☐ 화학 ☐ 환경 ☐ 훈민정음
기타	☐ 1인 가구 ☐ 5.18광주민주화운동 ☐ IT(Information Technology) ☐ UN 국제기구 ☐ K-pop ☐ 3D 프린팅 ☐ Drone ☐ RC(Remote Control)

※ 국립중앙도서관-사서에게 물어보세요-참고정보원-정보길잡이에서 참고 발췌·수정하였습니다.(2016년 기준)

Action 3 꿈꾸는 진로 분야에서 관심사 찾기

나의 관심사 찾기 세 번째! 내가 꿈꾸는 진로 분야에서의 관심사 찾기입니다. 소논문을 쓰면서 가장 좋은 것은 교과, 흥미, 진로가 일치되는 것입니다. 하지만 학생들은 자신이 하고 싶어 하는 직업 분야에 대해 아직은 많이 모르는 것이 사실입니다. 막연하게 무엇을 하고 싶다는 생각을 가지고 있지만 정확히 무엇을 하는 일인지 모르는 경우가 태반입니다. 바쁜 학교생활이나 교외 활동으로 인하여 자신의 진로나 직업에 대해 진지하게 조사해 보는 시간이 부족하기 때문입니다.

다음은 진로에 대해 고민하는 A학생과 B학생의 대화입니다.

> A 진로 수업을 듣고 나니까 내가 나중에 뭘 해야 할지 고민이 생겼어.
>
> B 그전에는 뭘 하고 싶다는 생각이 없었어? 나는 의사가 되고 싶어.
>
> A 어떤 의사가 되고 싶은데?
>
> B 노인 무료 봉사도 하고 어린이들에게 친절한 의사가 되고 싶어.
>
> A 아니, 전공 말이야. 정형외과, 내과 같은 거 있잖아. 어떤 분야 의사가 되고 싶은데?
>
> B 그건 아직 생각 안 해 봤는데?
>
> A 너도 좀 고민해 봐야겠다. 난 뭔가 사람들을 만나고, 활동적인 걸 하고 싶은데…….
>
> B 사람들 만나는 거면 큐레이터나 사서, 미용사 같은 직업은 어때?
>
> A 큐레이터? 그게 뭐야?

B학생은 막연하게 의사가 되고 싶다는 생각을 가지고 있습니다. 물론 자신의 진로에 대해 진지하게 고민해 봤다는 것에 대해서는 칭찬을 해 주고 싶습니다. 하지만 단순히 겉으로 보이는 모습만 생각하고 자신의 꿈으로 정하는 것은 대단히 위험한 일이겠지요.

A학생은 어떠한 직업이 있는지조차 아직 생각해 보지 않았습니다. 자신의 성격을 토대로 직업군을 선택하여 자세하게 알아봐야겠지요. 이제 여러분이 관심을 가지고 있는, 평소 꿈꾸던 직업군에 대한 자세한 정보를 찾기 위해 걸음을 내디뎌 봅시다.

내 꿈은 이거야! 진로 분야 관심사 체크하기

▶ 자신의 꿈을 생각하며 진로 분야별 관심사를 체크해 봅시다.

경영·사무	☐ 경영 기획 ☐ 평가 ☐ 홍보 ☐ 고객 관리 ☐ 인사 ☐ 노무 ☐ 비서 ☐ 회계 ☐ 세무 ☐ 수출입 ☐ 원산지
금융·보험	☐ 금융 영업 ☐ 금융상품 개발 ☐ 자산 운용 ☐ 금융 영업 지원 ☐ 증권 ☐ 외환 ☐ 보험 상품 개발 ☐ 손해사정
교육	☐ 초등 ☐ 중등 ☐ 특수 ☐ 평생교육 ☐ 직업 교육 ☐ 이러닝
법률·회계	☐ 법무 ☐ 인권 ☐ 지식재산권 ☐ 회계
디자인	☐ 시각·제품·환경·실내·색채 디자인 ☐ 문화콘텐츠 기획(☐ 방송 ☐ 영화 ☐ 음악 ☐ 게임 등) ☐ 제작
소방	☐ 구조 구급 ☐ 소방 시설 ☐ 방재 ☐ 재난 관리 ☐ 위험물 관리
보건	☐ 물리 치료 ☐ 작업 치료 ☐ 방사선 ☐ 응급구조 ☐ 치과 위생 ☐ 임상심리 ☐ 보건 교육 ☐ 지역 사회 위생
의료	☐ 한의학 치료 ☐ 치과 치료 ☐ 임상간호 ☐ 예방의학 ☐ 병리학 ☐ 유전학 ☐ 영상의학 ☐ 임상병리 ☐ 감염관리
사회복지	☐ 지역사회 복지 개발 ☐ 복지 기관 ☐ 공공복지 ☐ 직업 상담 ☐ 청소년 지도 ☐ 심리상담 ☐ 진로지원 ☐ 보육
문화예술	☐ 문화예술 경영 ☐ 음악 ☐ 사진 ☐ 공연예술(☐ 무대 ☐ 음향 ☐ 의상 등) ☐ 문화재 관리
운전·운송	☐ 여객·화물 ☐ 운송 ☐ 철도 운전(☐ 운송 ☐ 시설) ☐ 선박 운항(☐ 통신 ☐ 수상레저) ☐ 항공운전(☐ 관제 ☐ 안전 ☐ 보안)
영업·판매	☐ 국내외 영업 ☐ 부동산 개발 ☐ 분양 ☐ 부동산 관리 ☐ 중개 ☐ 감정 평가 ☐ e-비지니스
경비·경호	☐ 보안 ☐ 경호 ☐ 환경미화 ☐ 가사 지원
서비스	☐ 이·미용(☐ 헤어 ☐ 피부 ☐ 메이크업) ☐ 결혼상담 ☐ 장례 지도 ☐ 여행 상품 개발 ☐ 숙박 기획 ☐ 컨벤션 ☐ 관광 레저(☐ 카지노 ☐ 크루즈 ☐ 놀이공원 ☐ 워터파크)
스포츠	☐ 스포츠 용품 제작 ☐ 시설 개발 ☐ 운영 ☐ 스포츠 지도 ☐ 경기 기록 ☐ 스포츠 마케팅 ☐ 레크리에이션
음식	☐ 음식 조리(☐ 한식 ☐ 중식 ☐ 일식 ☐ 양식) ☐ 소믈리에 ☐ 바리스타 ☐ 바텐더 ☐ 외식 경영

건설	☐ 설계 ☐ 공정 ☐ 유지 관리 ☐ 토목 설계 (☐ 감리 ☐ 시공 ☐ 측량) ☐ 발전 설비 (☐ 석유화학 설비 ☐ 플랜트 사업관리 ☐ 설비 시공) ☐ 조경 ☐ 도시교통 (☐ 계획 ☐ 개발 ☐ 건설기계 운전) ☐ 해양자원 조사 (☐ 환경관리)
기계	☐ 기계 설비 (☐ 설계) ☐ 기계가공 (☐ 기계조립 ☐ 생산 ☐ 품질관리) ☐ 자동차 설계 (☐ 제작 ☐ 정비) ☐ 철도차량 제작 (☐ 유지보수) ☐ 항공기 설계 (☐ 제작 ☐ 정비 ☐ 관리 ☐ 운행)
재료	☐ 금속 재료 제조 (☐ 가공 ☐ 표면 ☐ 용접) ☐ 세라믹
화학	☐ 화학 물질 관리 ☐ 공정 ☐ 화학제품 연구 ☐ 석유, 천연가스 제조 및 제품 개발 ☐ 정밀화학 제품 ☐ 바이오 의약품 ☐ 플라스틱 제조
섬유·의복	☐ 섬유생산 ☐ 패션 제품 기획 (☐ 생산 ☐ 유통)
전기·전자	☐ 발전 설비 설계 (☐ 운영 ☐ 송배전 ☐ 전기 공사) ☐ 전자제품 개발·기획·생산 ☐ 로봇 ☐ 반도체 ☐ 디스플레이 ☐ 광기술 ☐ 의료장비 ☐ 전자부품 ☐ 3D 프린터
정보통신	☐ 정보기술 전략 ☐ 기술개발 ☐ 정보기술 영업 ☐ 정보기술 교육 ☐ 유·무선 통신기술 ☐ 통신 서비스 (☐ 이동통신 ☐ 유·무선 초고속인터넷) ☐ 방송제작 ☐ 방송 서비스
식품가공	☐ 수산 ☐ 축산 ☐ 농산 ☐ 식품가공·제조·저장 기술 ☐ 유통 ☐ 제과제빵
인쇄·출판	☐ 출판기획 ☐ 편집 ☐ 디자인 ☐ 인쇄
공예	☐ 도자공예 ☐ 석공예 ☐ 목공예 ☐ 금속공예 ☐ 가구제작 ☐ 보석 가공·감정·디자인 ☐ 마케팅
환경·안전	☐ 산업환경 (☐ 수질 ☐ 토양 ☐ 대기관리) ☐ 폐기물 관리 ☐ 환경보건 ☐ 환경평가 ☐ 에너지 탐사 ☐ 보안 ☐ 개발 ☐ 생산 ☐ 산업안전관리 ☐ 작업환경 ☐ 비파괴 검사
농림·어업	☐ 작물 재배 ☐ 종자 생산·유통 ☐ 농촌 개발 ☐ 축산자원 개발 ☐ 사육 ☐ 산림 조성 ☐ 산림 관리 ☐ 임산물 생산·가공 ☐ 어업 ☐ 양식 ☐ 수산 자원 관리 ☐ 어촌 개발

※ 2015년도 NCS(국가직무능력표준) 개발 분류 체계를 토대로 수정하였습니다.

 Bonus tip

진로·진학 자료 탐색 정보원

- 커리어넷(https://www.career.go.kr)
  – 교육부의 위탁을 받아 한국직업능력개발원에 설치된 직업 및 진로 지도 관련 연구 개발 센터
  – 진로 진학 프로그램 개발 및 보급, 자료 및 정보 제공, 정책 자문 등 다양한 유관 기관과 협력

- 고용24(https://www.work24.go.kr)
  – 고용노동부와 한국고용정보원이 운영하는 구인·구직 정보와 직업·진로 정보를 제공
  – 직업 심리 검사, 직업 정보 검색, 진로 상담 및 다양한 서비스 제공

Action 4 관심 분야에서 키워드 찾기

자신의 관심 분야, 진로, 취미 등 자신과 관련된 다양한 키워드를 생각하여 적고, 이 키워드들 중에 몇 가지 키워드를 추출하여 소논문 주제로 쓸 준비를 할 수 있습니다.

다음을 보면 A학생이 자신의 뇌 구조 그리기와 자신을 소개하는 마인드맵을 완성하였습니다.

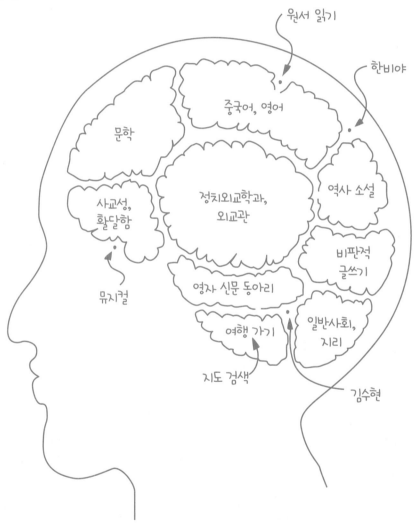

나의 관심사를 통한 키워드 찾기

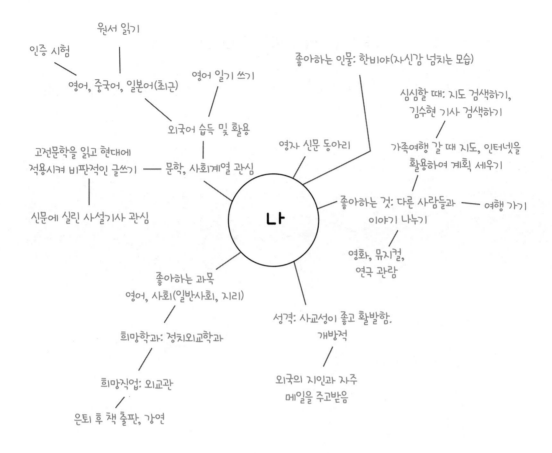

원서 읽기

인증 시험

영어, 중국어, 일본어(최근)

영어 일기 쓰기

좋아하는 인물: 한비야(자신감 넘치는 모습)

심심할 때: 지도 검색하기,
김수현 기사 검색하기

외국어 습득 및 활용

가족여행 갈 때 지도, 인터넷을
활용하여 계획 세우기

고전문학을 읽고 현대에
적용시켜 비판적인 글쓰기 — 문학, 사회계열 관심

영자 신문 동아리

신문에 실린 사설기사 관심

나

좋아하는 것: 다른 사람들과 — 여행 가기
이야기 나누기

영화, 뮤지컬,
연극 관람

좋아하는 과목
영어, 사회(일반사회, 지리)

성격: 사교성이 좋고 활발함.
개방적

희망학과: 정치외교학과

외국의 지인과 자주
메일을 주고받음

희망직업: 외교관

은퇴 후 책 출판, 강연

자기소개를 통한 키워드 찾기

 두 활동을 통해 A학생은 언어, 외교 문제에 관심이 많고, 이에 정치외교학과에 진학
하여 외교관이 되고 싶어 한다는 것을 알 수 있습니다. 또한 뮤지컬이나 영화 등 다양한
문화생활을 영위하고 싶어 하는 학생이라는 것도 알 수가 있지요. A학생이 어떠한 키워
드를 선정했는지 궁금하다고요? A학생은 소논문 연구를 위한 키워드를 외교, 정치, 문화
로 선정하였고, 주제 선정을 위한 그 첫 단추를 끼우게 되었습니다.

복잡한 내 머릿속! 관심 분야를 뇌 구조로 표현하기

▶ 소논문을 쓰기 전에 먼저 선행되어야 할 것은 내가 가진 관심 분야가 무엇인지 알아 보는 것입니다. 뇌 구조 그리기를 통해 자신이 요즘 관심이 있는 분야를 적어 봅시다.

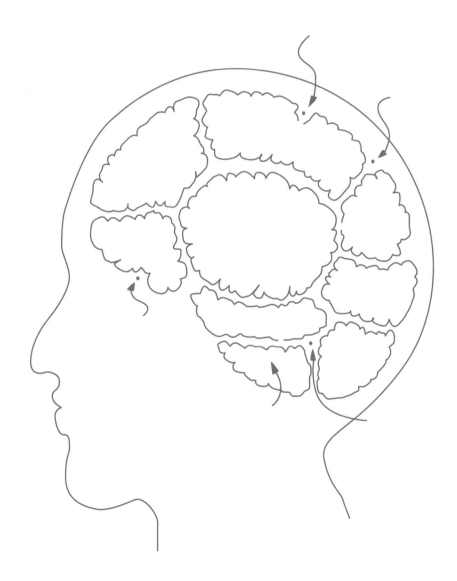

뇌 구조 그리기를 통한 키워드 찾기

■ 나의 뇌 구조 설명하기

난 이런 사람이야! **자기소개를 통한 키워드 찾기**

▶ '나'를 키워드로 나와 관련된 정보들을 정리해 봅시다. 가지를 뻗을 때 속성이 유사한 것끼리 묶는 것이 중요합니다.

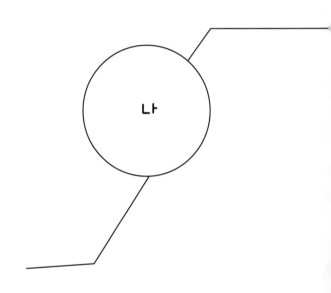

▶ 나의 관심 키워드를 적어 봅시다.

Action 5 관심 키워드를 확장하기

앞의 두 활동을 통하여 키워드를 선정해 보았나요? 그렇다면 '자기소개를 통한 키워드 찾기' 단계에서 선정한 키워드로 브레인스토밍을 실행해 봅니다. 키워드와 관련된, 자신이 알고 있는 모든 단어를 적어 봅시다.

잠깐! 브레인스토밍 규칙

• 판단은 하지 않고 생각나는 것을 마구마구 적는다.

• 제한 시간은 5~15분 사이로 정한다.

• 자신이 알고 있는 것을 다 적었으면 친구들과 공유하며 의견을 받는다.

A학생은 자신이 키워드로 정한 외교, 정치, 문화를 중심으로 자신이 알고 있는 것을 친구들과 함께 적어 보았습니다. A학생보다 친구들이 더 많은 키워드를 적은 것을 알 수 있습니다. 이 과정을 통해 A학생은 자신이 선택한 키워드 '외교, 정치, 문화'를 '문화 교류와 외교'로 조금 다듬었습니다. 너무 일반적인 단어는 자칫 넓은 범위로 확장될 수 있기 때문에 가능한 한 범위를 좁히는 것이 좋습니다.

내가 이미 알고 있는 것	친구가 알고 있는 것
한류, K-pop, 한일 외교 관계, 문화교류 의사, 한류의 영향, 국가 이미지 형성, 한류의 경제적 파급력, 미디어 발달, 해외 관광객 증가, 일본 역사 왜곡, 영토 분쟁, 일본에 전파된 한류, 동아시아에 전파된 한류, 민족적 반감 완화 효과, 정치·경제 문화 협력, 문화적 이해 양상, 반한류, 혐한류, 한일 외교 악화, 경제적 교류, 인적 교류, 국가 간 문화적 이해 향상, 민간 외교, 공공	드라마, 영화, 서희, 음식, 회의, 올림픽, 교환학생, 자매결연, 외교관, 한글, 강남스타일, APEC, 북관세, FTA, 경복궁, 외국인 관광객 범죄, 문화유적 훼손, 하이원 원정대, 문화동화 현상, 동남아시아 쪽에 한류(K-pop)가 약해지고 있음, 문화 교류와 외교 관계의 역사, 관광, 미국 vs 중국

72

뇌폭풍! 브레인스토밍을 통해 키워드 확장하기

▶ Action 4와 Action 5의 활동을 통해 생각한 나의 관심 키워드를 적어 봅시다.

▶ 나의 관심 키워드와 관련하여 알고 있는 배경 지식을 친구와 비교해 봅시다.

내가 이미 알고 있는 것	친구가 알고 있는 것

▶ 구체적으로 다듬어진 키워드를 적어 봅시다.

A⳽tion 6 키워드 범주화를 통해 연구 주제 정하기

Action 5에서는 브레인스토밍을 통해 키워드를 확장하고, 여러분과 친구들의 머릿속에 있는 다양한 생각으로부터 힌트를 얻었습니다.

이 산발적인 키워드들을 범주화하기 위하여 필요한 과정이 바로 '마인드맵'입니다. 마인드맵을 통하여 큰 범위의 키워드와 작은 단위의 키워드들의 연결 고리를 만들어 범주화하는 것입니다.

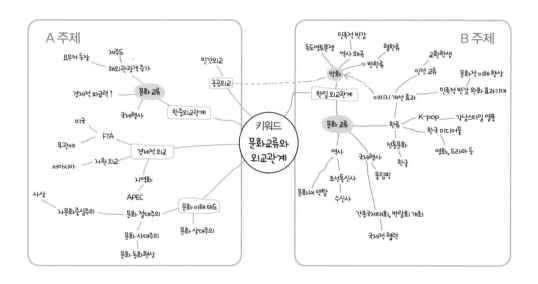

키워드 범주화를 위한 마인드맵

위 학생은 '문화 교류 및 외교 관계'라는 키워드를 가지고 앞서 친구들과의 공유를 통해 다양한 키워드들을 찾아내었고, 이를 마인드맵을 통해 범주화하여 크게 두 가지의 주제를 얻었습니다. A주제는 '한·중의 외교 및 문화 교류', B주제는 '한·일 외교 및 문화 교류'였습니다.

위 학생은 정치외교에 관심이 많았고, 정치외교학과에 진학을 하고 싶었습니다. A주제와 B주제 각각 소논문 주제로 좋은 연구가 될 수 있지만 본인의 희망에 따라 두 개를 하나로 통합하여 '동북아'라는 큰 범위를 설정하였습니다. 조금은 어렵겠지만 최종적으로 '동북아시아 외교 및 문화 교류'로 주제를 결정하게 되었고, 이를 가지고 구체적인 연구를 진행하게 되었습니다.

마인드맵은 한눈에 잘 보이도록 깔끔하게 정리하여야 합니다. 연관이 있는 단어들끼리 모아 카테고리를 만들고, 카테고리들 간의 관계를 선(점선), 화살표 등으로 간단하게 나타냅니다.

이때 주의할 점은 카테고리들 간의 관계를 잘 설정해야 한다는 것입니다. 큰 범위의 키워드와 작은 범위의 키워드의 관계 설정이 잘못될 경우 주제 선정이 원하는 방향으로 나아가기 어렵습니다.

Bonus tip

AI 연구 주제 추천 받기

DBpia '탐구 활동' 서비스를 활용하여 학습 키워드, 진학 희망 학과, 교과목 등을 입력하면 원하는 조건의 연구 주제를 폭넓게 추천 받을 수 있습니다.

키워드 정리정돈? **키워드 범주화를 위한 마인드맵 작성**

▶ 브레인스토밍을 통해 얻은 키워드에 대한 다양한 정보의 위계를 정리해야 합니다. 이렇게 정리한 위계는 연구 목차 및 주제를 세우는 데 기본 자료가 됩니다. 마인드맵 중앙에 위치한 키워드를 중심으로 브레인스토밍을 통해 알게 된 정보들을 정리해 봅시다. 가지를 뻗을 때는 속성이 유사한 것끼리 묶는 것이 중요합니다.

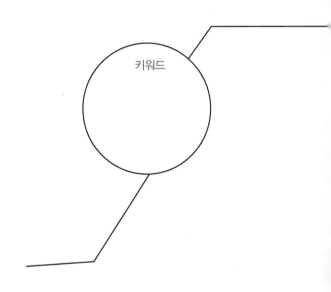

▶ 핵심 키워드를 결정하여 적어 봅시다.

진로와 연계된 주제 사례

- 남북한 언어의 이질화와 동질성 회복 방안에 대한 연구 – 국어국문학
- 청소년의 비속어 사용 실태와 분화 방안에 대한 연구 – 문헌정보학, 국문학
- 국내 노인 복지 정책의 문제점 및 개선 방안에 관한 연구 – 사회복지학
- 다문화 가정 지원 정책의 개선 방안에 관한 연구 – 사회복지학
- 중국 내수시장 진출 방향에 대한 연구 – 중어중문학
- 아동 성범죄자 처벌 제도의 효과적 개선 방안에 관한 연구 – 경찰행정학
- 국내 온라인 커뮤니티 사이트의 현황과 개선 방안 – 언론홍보학
- 인터넷 광고의 문제점과 개선 방안에 관한 연구 – 광고홍보학
- 인쇄 신문의 이용 실태와 활성화 방안에 관한 연구 – 신문방송학
- 청소년들의 모방 소비 현황과 형태에 관한 연구 – 경영학
- 기업형 슈퍼마켓(SSM) 규제에 대한 쟁점과 상생 발전을 위한 연구 – 경영학
- 중국인 관광객 유치를 위한 전략 방안 연구 – 관광학
- TV 드라마 속의 실존 인물 분석을 통한 인식 변화 연구 – 역사학
- 독도 영유권 분쟁의 실태와 이에 관한 대응 방안 연구 – 역사학
- 문화재 반환 협상에 관한 대응 방안 연구 – 박물관학
- 국내에서 경제 상황이 패션에 미치는 영향에 관한 연구 – 의상학
- 청소년의 스마트폰 중독을 줄이기 위한 예방 방안 연구 – 사회학
- 교권 침해의 실태 분석을 통한 교권 확립 방안 연구 – 교육학
- 입학사정관제의 정착을 위한 개선 방안에 관한 연구 – 교육학
- 다문화 가정의 여성 결혼 이민자가 한국 사회에 적응하는 과정에서 겪는 갈등 요인에 대한 연구 – 한국어교육학
- 또래 튜터링이 수학 학습 부진아에 미치는 영향에 관한 연구 – 수학교육학
- 빅데이터의 의료 분야 활용 사례 분석을 통한 국내 빅데이터의 의학적 활용 활성화 방안 연구 – 컴퓨터공학, 의학
- 영리 병원 도입의 허용 문제에 대한 대응 방안 연구 – 의학
- 스마트 기기 중독이 청소년 건강에 미치는 영향과 예방 방안에 관한 연구 – 정보통신공학
- 나트륨 과다 섭취로 인한 문제점과 예방 방안에 대한 연구 – 이공계, 식품영양학
- 인간 복제에 대한 윤리적 고찰 – 이공계, 생명공학
- 청소년들의 화장품 사용 실태에 대한 개선 방안과 부작용 해결 방안에 관한 연구 – 화학
- 빈곤에 대응하는 개발 NGO의 구호 활동 분석과 개선 방안 – 국제학
- 한국 인디 음악의 대중성 확보와 발전 방안에 관한 연구 – 미학, 언론영상학

Q 아직 정해진 진로 분야가 없는 경우, 어떻게 주제를 정해야 할까요?

A 진로와 연계한 연구 주제를 정하는 것이 가장 바람직하고 좋습니다. 그러나 현재 진로가 뚜렷하지 않아 주제 정하기가 어렵다면 평소 본인의 관심 분야나 좋아하는 과목 등 다양한 부분에서 관심 키워드를 뽑을 수 있습니다. 이를 연구 주제로 확장시키면 됩니다. 따라서 소논문 쓰기 활동은 자신의 진로를 탐색해 볼 수 있는 기회로서도 큰 의미가 있습니다.

Q 연구하고 싶은 분야에 대한 연구가 이미 많은데, 주제를 바꿔야 하나요?

A 연구하고 싶은 분야에 대한 연구가 많다고 해서 학생이 연구 주제를 바꿀 필요는 없습니다. 중·고등학교 수준에서는 새로운 연구 분야를 개척하고 새로운 결과물을 만들어 내기보다는 기존의 연구에 대해 학습하며 연구 절차를 자신의 수준에 맞추어 재설정하여 따라 하더라도 충분히 성과가 있다고 봅니다. 바꾸지 마십시오! 표절만 아니라면 충분히 가치가 있습니다.

Q 연구 주제의 범위가 너무 넓거나 좁으면 어떤 문제가 있나요?

A 연구 주제의 범위를 잘 설정해야 연구 방향이 뚜렷해집니다. 예를 들어 연구 주제가 광범위할 경우 참고할 문헌 수가 너무 많아 적합한 자료를 놓칠 위험이 있습니다. 연구 방향이 분산되어 연구 문제 도출부터 방안 제시까지 중구난방으로 전개될 수도 있습니다. 또한 연구 주제 범위가 너무 좁을 경우에는 참고할 문헌 수가 현격히 적어 논문 작성에 어려움이 있습니다. 여러분이 작성하는 소논문은 기존 선행 연구를 읽고 이해, 분석하는 과정이 매우 중요합니다. 따라서 주제 범위가 너무 넓거나 좁다면 조정할 필요가 있습니다.

step 2
연구 문제

연구 문제 제기의 필요성을 뒤늦게 깨달았어.

☺ 논문이 정확히 어떤 글인지 몰랐던 나는 기능성 화장품 속의 성분들이 피부에 어떻게 작용하는지를 단순하게 조사하여 설명하려고 했다. 그러나 소논문은 구체적인 연구 문제를 제시하고 분석 과정을 거친 뒤 이에 대한 해결 및 개선 방안을 모색하는 일련의 연구 과정이 필요하다는 것을 뒤늦게 깨달았다. 비록 시행착오 끝에 뒤늦게 연구 설계를 시작했지만, 변경된 주제에 따라 연구 문제를 구체적으로 제시하고 이에 대한 가설을 세우는 등 상당한 공을 들이며 작업을 진행했다.

☺ 소논문은 연구의 깊이가 탐구 보고서와는 차원이 달랐다. 탐구 보고서가 말 그대로 내가 관심을 가지고 있는 주제에 대해 조사한 내용을 작성하는 것이라면, 소논문은 내가 조사하고 연구한 사실을 바탕으로 나만의 의미 있는 결론을 도출해야 했다. 사실 탐구 보고서를 작성할 때는 대형 서점이나 도서관에 가서 관련된 도서를 몇 권 구입하거나 빌려 읽고, 인터넷으로 자료 조사를 한 후에 그 내용을 통합·정리하기만 하면 보고서의 얼개가 얼추 짜여졌다. 그러나 소논문은 석·박사 학위를 따기 위해 작성된 실제 논문을 바탕으로 나만의 주제를 찾아 직접 연구를 수행해야 하며, 연구된 내용을 바탕으로 새로운 결론을 얻어 내야 했다. 굉장히 부담스러운 과제였던 것이다.

연구 주제와 연구 문제의 상호 관련성을 토대로 연구 방향에 대해 고민했어.

☺ 광고에 대한 글을 쓰고 싶었는데 이에 대해 문제 제기를 하고 해결 방안을 찾을 수

있는 적합한 주제를 발견해 내기가 생각만큼 쉽지 않았다. 다루고 싶은 주제 영역이 너무 광범위하기도 했고, 그것을 세밀화하자니 자료가 부족할 것 같았다. 그렇지만 차분히 마음을 가라앉히고 평소 내가 느꼈던 인터넷 광고에 대한 불편함과 문제점을 도출해 내니 구성이 서서히 짜이기 시작했다.

☺ 소논문을 쓰면서 가장 어려웠던 것은 내가 생각하는 것을 글로 명확하게 표현하는 것이었다. 고등학생이기 때문에 선행 연구들을 많이 인용하고 깊이 있는 결론을 도출할 수 없었지만, 최대한 내가 말하고자 하는 논문의 내용을 명확하게 전달하려고 노력했다. 하지만 선생님으로부터 연구 문제가 명확하지 않다는 지적을 받고, 그 점을 보완하기 위해 수정하는 과정에서 논문을 쓰는 나조차도 무엇을 말하고 싶은지 명확하지 않았다는 것을 깨닫고 논문을 다시 수정하게 되었다.

여러 학생들이 소논문과 보고서 쓰기가 어떻게 다른지를 많이 물어봅니다. 가장 큰 차이는 바로 '연구자의 문제 제기'에 있습니다. 그리고 글의 형식에도 여러 가지 차이가 있습니다.

보고서	주어진 과제에 대해 분석하고 조사, 실험 등으로 발견한 사실을 정리한 글
소논문	연구자가 자신이 정한 연구 주제 범위에서 특정 문제를 제기하고, 그 문제를 해결하기 위한 방법을 찾아 연구의 결과를 밝혀낸 뒤, 그 결과를 연구자 관점에서 제시하는 글

그럼 문제 제기는 어떻게 하는 걸까요? 연구 주제와 연구 문제는 어떤 차이가 있을까요? 우리는 step 1을 통해 연구 주제를 찾아보았습니다. 이렇게 결정된 연구 주제를 가지고 바로 연구를 시작할 수는 없습니다. 연구 주제는 말 그대로 자신이 관심 있는 범위 영역이며, 우리는 그 범위에서 연구 문제를 찾아야 합니다. 그리고 연구 문제를 통해 '이건 왜 그럴까? 나는 이게 궁금해.'라고 콕 찍어서 말하는 것, 이것이 '문제 제기'입니다.

연구 문제를 찾기 위해 우리가 가장 먼저 해야 할 것은 연구 주제를 잘 이해하는 것입니다. 내가 연구하고 싶어서 찾은 연구 주제의 핵심 키워드들이 무엇인지, 그리고 이 핵심 키워드 간의 관계와 역할이 어떠한지를 살피는 것이 중요합니다. 이런 핵심 키워드를 변수, 변인, 요인이라고 합니다. 이 핵심 키워드들의 관계와 역할을 잘 조합하여 연구 모형을 만들 수 있습니다.

독립 변수	영향을 주는 요인(원인)
종속 변수	영향을 받는 요인(결과)
조절 변수	성별, 연령, 거주 지역 등과 같이 연구에 조절이 필요한 요인이나 연구의 범위 설정에 고려되는 요인
매개 변수	원인-결과 사이에서 매개적 역할을 하는 요인

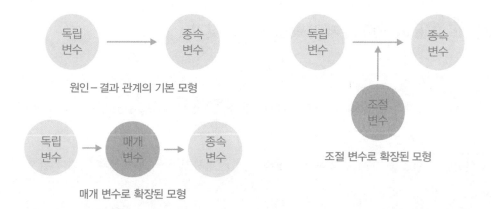

원인 – 결과 관계의 기본 모형

조절 변수로 확장된 모형

매개 변수로 확장된 모형

    연구 주제의 핵심 키워드로 연구 모형을 만드는 목적은 연구 문제를 찾고 설명하기 위함임을 잊지 말아야 합니다. 이렇게 만들어진 연구 모형을 가지고 많은 연구 문제를 만들 수 있습니다. 이 모든 조합의 연구 문제를 전부 연구해야 하는 것이 아니라 내가 정말 밝히고 싶은 것, 내가 정말 해결하고 싶은 연구 문제 한두 가지를 결정하는 것입니다. '내가 연구하고 싶은 것은 이거야!'라고 내세울 수 있는 연구 문제를 찾는 것은 생각보다 어렵지 않습니다. 이렇게 연구 문제를 만들고 나면 내가 무엇을 연구해야 할지에 대해 조금 더 명확해집니다.

    연구 문제를 찾았다면 이제 연구 결과를 예상해 볼 수 있겠지요. 이 과정을 '연구 가설 세우기'라고도 합니다. 그럼 왜 굳이 연구 결과를 예상해야 할까요? 바로 이 과정을 통해 예상한 연구 결과가 다음 단계의 '연구 방법 설계' 과정에서 최선의 전략을 세우는 기준이 되기 때문이죠.

⊘ 단계별 *CHECKLIST*

☐ 연구 문제와 관련된 선행 연구 결과와 관련 이론이 구체적으로 고찰되었는가?
☐ 연구 주제의 핵심 키워드를 잘 찾았는가?
☐ 핵심 키워드의 역할을 잘 이해하고 연구 모형을 설계할 수 있는가?
☐ 연구 문제를 명확히 제시할 수 있는가?
☐ 연구의 예상되는 결과를 제시할 수 있는가?

Action 1 연구 주제의 핵심 키워드 찾기

step1의 마지막 단계에서 우리는 마인드맵을 통하여 키워드들을 범주화하였습니다. 그렇다면 어떠한 키워드들을 가지고 우리가 연구를 시작하여야 할까요? 지금부터 우리가 선정한 키워드를 가지고 최종 핵심 키워드를 선정하기 전에 무엇을 확인해야 할지 살펴보겠습니다.

최종 핵심 키워드를 선정하기 전에 우리가 적어 놓은 키워드들이 올바른 용어인지 용어집(thesaurus)이나 사전을 검색하여 봅시다. 자신이 선정한 키워드들을 찾다 보면 너무 광범위하거나 너무 국소적인 범위이거나, 대표성이 없는 단어, 사투리, 잘못된 용어일 수도 있습니다.

사회학과에 진학하고 싶은 A학생의 예를 들어 보겠습니다. A학생은 '한류'라는 키워드를 가지고 연구를 진행하고 싶어 합니다.

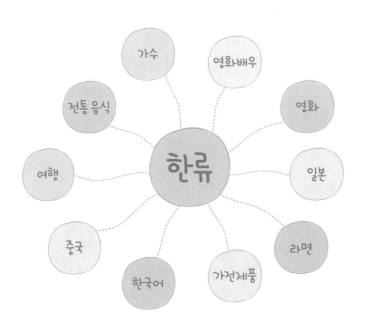

먼저 자신이 선택한 키워드가 너무 넓은 범위의 용어가 아니었는지를 확인해 보아야 합니다. A학생이 선택한 '한류'라는 키워드보다 '중국에서의 가전제품 한류', '여행에서의 한류'와 같이 특정 분야(지역, 제품 등)로 키워드를 구체화한다면 연구하기가 좀 더 수월할 것입니다.

그 다음으로는 관련된 다양한 키워드들을 자세하게 검색하여 자신이 선택한 단어가 소논문을 쓰기 위한 핵심 키워드로서의 자격이 있는지 확인하여야 합니다.

> "너무 일반적인 용어 선정은 범위가 넓어지고, 그만큼 연구를 진행하기가 어렵다."

이번 단계 실전 워크북을 통해 여러분이 선정한 키워드들의 유의 관계, 상대 관계, 상하 관계를 조사하여 보고 핵심 키워드들을 최종적으로 확정하여 봅시다.

모으고 빼고! 연구 주제 핵심 키워드 선정하기

▶ step 1에서 선정한 핵심 키워드를 적어 봅시다.

▶ 뜻이 비슷하거나 같은 단어(유의어, 동의어)를 찾아 핵심 키워드를 확장해 봅시다.

예 사람/인간, 범/호랑이

▶ 뜻이 다르거나 반대인 단어(반의어, 상대어)를 찾아 핵심 키워드를 확장해 봅시다.

> ⓔ 스승/제자, 긍정/부정

▶ 상위 영역과 하위 영역의 단어(상위어, 하위어)를 찾아 핵심 키워드를 확장해 봅시다.

> ⓔ 학생/고등학생, 동물/소

▶ 연구의 최종 핵심 키워드를 결정하여 적어 봅시다.

Action 2 핵심 키워드의 관계 설정 및 연구 모형 만들기

연구 주제를 정하기 위해서는 우리가 선정한 키워드에 역할과 관계를 설정하여야 합니다. 그러기 위해서는 '변수(변인)'를 알아야 합니다. '변수'란 바뀔 수 있는 수나 요인을 뜻하는데, 독립 변수, 종속 변수, 조절 변수, 매개 변수, 이렇게 4가지가 존재합니다. 다음 김○○ 학생의 프로필을 토대로 변수들을 설명하고 연구 모형을 만들어 보겠습니다.

이름(나이) : 김○○ (17세)
여자 친구 : 내 거인 듯, 내 거 같은, 내 거 아닌 썸녀 있음
희망 진학 학과 : 심리학과
소논문 선정 핵심 키워드 : 연애 관계, 성적
선정 이유 : 엄마가 성적 떨어진다고 여자 친구를 사귀지 말라고 했는데, 과연 그럴까?

심리학과에 진학하고 싶은 김○○ 학생은 요즘 썸녀가 생겨서 기분이 좋습니다. 하지만 엄마는 연애를 하면 성적이 떨어질 것이라 생각하고 대학 가면 여자 친구가 저절로 생기니 공부나 열심히 하라고 합니다. 김○○ 학생은 연애는 성적과 무관하다는 것을 소논문을 통해 엄마에게 검증해 보이고 싶습니다. 이에 앞의 과정을 통하여 최종 키워드로 '연애 관계'와 '성적'을 정하였습니다. 이 두 개의 키워드 중에 영향을 주는 것은 무엇이고 영향을 받는 것은 무엇일까요? 영향을 주는 것은 '연애 관계'이고, 영향을 받는 것은 '성적'이겠지요? 그렇다면 '연애 관계'가 독립 변수, '성적'은 종속 변수가 되는 것입니다.

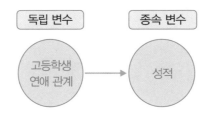

조금 이해가 되나요? 다음은 우리 친구들이 진행한 소논문의 연구 주제, 독립 변수, 그리고 종속 변수의 예입니다. 핵심 키워드 간의 관계를 유의하며 살펴봅시다.

연구 주제	독립 변수(원인)	종속 변수(결과)
대중문화가 독서에 미치는 영향	대중문화	독서
스키니진이 여고생의 몸에 미치는 영향	스키니진	여고생의 몸
게임 중독이 청소년의 폭력성에 미치는 영향	게임 중독	청소년의 폭력성
가족들의 소득 수준이 가족 스트레스에 미치는 영향	가족들의 소득 수준	가족 스트레스

이번에는 조절 변수와 매개 변수에 대해 알아보도록 하겠습니다. 앞에서 설명한 대로 김○○ 학생은 독립 변수 '연애 관계', 종속 변수 '성적'을 설정하고 연구 주제를 '고등학생의 연애 관계가 성적에 미치는 영향'이라고 설정하였습니다. 김○○ 학생은 여기에서 조금 더 나아가 남자와 여자에 따라서, 중학생과 고등학생에 따라서도 영향을 받을 수 있을 것이라 생각했습니다. 독립 변수와 종속 변수의 기본적인 관계는 변함이 없지만, 성별과 학교라는 조절 변수에 따라 결과가 달라질 수 있겠지요?

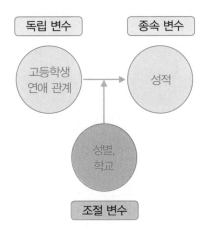

주제를 확정하려고 하는 순간 다시 김○○ 학생의 머리에 소논문을 시작하며 생각했던 것이 떠오릅니다.

'연애가 성적을 떨어뜨리는 게 아니라 연애한다고 가족들이 스트레스를 주는 게 더 영향을 미칠 텐데…….'

김○○ 학생은 이 생각을 통해 드디어 매개 변수에 대한 개념을 이해합니다. 매개 변수 이용을 통해 '고등학생의 연애 관계가 성적에 미치는 영향'과 '고등학생의 연애 관계로 인한 가족 스트레스가 성적에 미치는 영향'이라는 두 가지 주제를 비교하여 연구 결과를 내야 가능합니다. 쉽게 이야기하면 '(A+D+B)+(A+B)'의 관계가 되겠지요. 이렇게 해서 김○○ 학생은 드디어 최종 연구 모형을 결정하게 되었습니다.

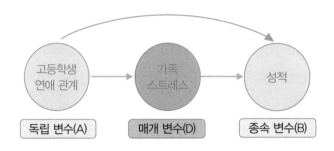

조절 변수와 매개 변수를 헷갈려 하는 경우가 많습니다. 한마디로 말하면 성, 연령, 학력 등 인구통계학적 요인을 조절 변수라 하고, 그 외 종속 변수에 미칠 수 있는 주요 요인을 매개 변수라 합니다. 조절 변수를 사용하여 다양한 주제 설정이 가능합니다. 하지만 매개 변수 사용은 조금 복잡하고 어렵기에 소논문에서는 조절 변수 정도만 사용합니다.

한눈에 보자! 연구 모형 만들기

▶ 핵심 키워드의 역할을 찾아봅시다.

독립 변수	종속 변수	조절 변수	매개 변수

▶ 핵심 키워드 간의 관계를 분석하며 연구 모형을 만들어 봅시다.

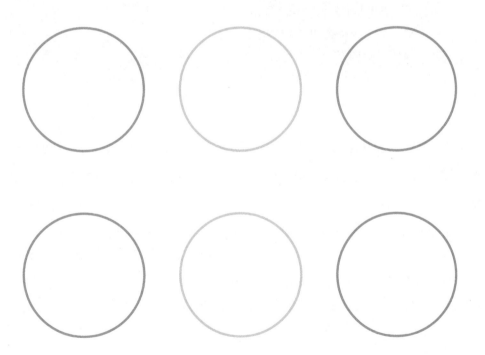

Action 3 연구 모형을 보며 연구 문제 설명하기

핵심 키워드 관계 설정과 연구 모형을 잘 만들어 보았나요? 그렇다면 이제 앞에서 만든 연구 모형을 토대로 연구 문제를 작성하여 봅시다.

연구 모형은 자신이 연구를 진행하고자 하는 전체적인 틀을 스케치하는 과정입니다. 이러한 연구 모형을 통하여 우리는 연구 문제를 설정할 수 있습니다. 연구 모형을 보면서 친구나 선생님에게도 자신의 연구 문제를 설명할 수 있어야 할 것입니다. 다음은 사범대에 진학하고 싶은 이○○ 학생의 사례입니다.

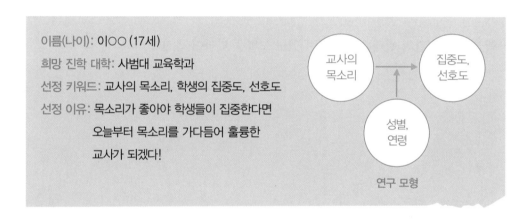

이름(나이): 이○○ (17세)
희망 진학 대학: 사범대 교육학과
선정 키워드: 교사의 목소리, 학생의 집중도, 선호도
선정 이유: 목소리가 좋아야 학생들이 집중한다면
　　　　　오늘부터 목소리를 가다듬어 훌륭한
　　　　　교사가 되겠다!

연구 모형

이○○ 학생은 '교사의 목소리'를 독립 변수로 설정하고, '학생의 집중도', '학생의 선호도'를 종속 변수로 설정하였습니다. 그리고 '성별'과 '연령'을 조절 변수로 설정하여 연구 모형을 만들었습니다.

이를 통하여 이○○ 학생은 다음과 같은 가설을 세울 수 있습니다.

1. 교사의 목소리에 따라 학생의 학습 집중도에 차이가 있을 것인가?
2. 교사의 목소리에 따라 학생의 선호도에 차이가 있을 것인가?

이제 여기에 조절 변수를 넣어 보도록 하겠습니다.

1. 남녀 교사의 목소리에 따라 학생의 학습 집중도에 차이가 있을 것인가?
2. 남녀 교사의 목소리에 따라 학생의 선호도에 차이가 있을 것인가?
3. 연령이 다른 교사의 목소리에 따라 학생의 학습 집중도에 차이가 있을 것인가?
4. 연령이 다른 교사의 목소리에 따라 학생의 선호도에 차이가 있을 것인가?

step 2 연구 문제

독립 변수 개수 × 종속 변수 개수 × 조절(매개) 변수 개수

내가 연구해야 할 연구 문제의 개수를 쉽게 알고 싶다고요? 이○○ 학생은 독립 변수 1개, 종속 변수 2개, 조절 변수 2개를 설정하였습니다.

독립 변수 1 × 종속 변수 2 × 조절 변수 2 = 4

이렇게 총 4개의 연구 문제가 나왔어요. 참 쉽죠?

바로 이거야! 연구 모형으로 연구 문제 설명하기

▶ 연구 모형을 토대로 하여 핵심 키워드들 간의 역할을 정리해 봅시다.

독립 변수	종속 변수	조절 변수	매개 변수

▶ 연구 모형을 정리해 봅시다.

▶ 연구 모형을 토대로 하여 연구 문제를 도출해 봅시다.

| 연구 문제 1 |
| 연구 문제 2 |
| 연구 문제 3 |
| 연구 문제 4 |
| 연구 문제 5 |
| 연구 문제 6 |

Action 4 선행 연구를 찾아보며 연구 문제 완성하기

연구 문제를 설정했나요? 몇 개의 연구 문제가 완성되었나요? 이제부터는 내가 설정한 연구 문제가 제대로 된 것인지 확인해 보는 시간을 갖도록 하겠습니다. 책의 맨 앞부분 '시작하며'에서 우리는 다양한 정보원들을 통해서 선행 연구들을 찾아보았습니다. 잘 기록해 놓았나요? 우리가 설정한 키워드에 해당하는 선행 연구를 다시 한 번 펼쳐 보겠습니다.

Action 3에 나온 이○○ 학생의 사례를 다시 한 번 이용해 보겠습니다. 이○○ 학생의 연구 문제는 아래와 같았습니다.

연구 문제	1. 남녀 교사의 목소리에 따라 학생의 학습 집중도에 차이가 있을 것인가?
	2. 남녀 교사의 목소리에 따라 학생의 선호도에 차이가 있을 것인가?
	3. 연령이 다른 교사의 목소리에 따라 학생의 학습 집중도에 차이가 있을 것인가?
	4. 연령이 다른 교사의 목소리에 따라 학생의 선호도에 차이가 있을 것인가?

그럼 미리 찾아본 선행 연구에 제시된 연구 문제를 확인해 볼까요? 다음 논문은 교사의 목소리에 대한 관련 연구입니다. 관련 연구의 연구 문제를 살펴보니 아래와 같았습니다.

선행 연구	신나민(2009). 교사의 목소리 매체에 대한 학생의 감정적 반응 및 선호하는 교사의 목소리의 특징. 한국교육공학회. 25(4), pp.29-52.
연구 문제	1. 학생들은 교사의 목소리에 대해 어떤 감정적 반응을 보이는가?
	2. 학생들은 어떤 특징을 가진 교사의 목소리를 선호하는가?

선행 연구 논문의 연구 문제를 통해 변수를 찾아볼까요? 독립 변수는 '교사의 목소리', 종속 변수는 '감정적 반응', '선호도'라는 것을 분석해 낼 수 있겠지요? 또한 이○○ 학생이 설정한 연구 문제와 유사하다는 것을 파악할 수 있습니다. 이○○ 학생의 연구 문제가 조절 변수를 통해 더욱 자세하다는 것을 알 수 있습니다. 그렇다면 이○○ 학생이 설정한 연구 문제는 실제 연구자들과 비교해도 꽤 잘했다고 볼 수 있겠지요?

여러분도 다양한 선행 연구의 연구 문제를 찾아서 자신이 설정한 연구 문제와 어떤 차이가 있는지 비교하여 보세요.

그것이 문제로다! **연구 문제 완성하기**

▶ Action 3에서 뽑은 나의 연구 문제를 정리해 봅시다.

▶ 나의 연구 주제와 비슷한 선행 연구들을 찾고 각각의 연구 문제를 기록해 봅시다.

선행 연구	
연구 문제	

선행 연구	
연구 문제	

▶ 선행 연구에서 찾은 연구 문제들과 비교하면서 나의 연구 문제를 완성해 봅시다.

Action 5 연구 가설 작성하기

지금까지 연구 주제, 연구 모형, 연구 문제까지 만들어 보았습니다. 이제 실질적인 연구를 진행하기 전에 연구의 결과를 예상해 보는 시간을 가져야 합니다. 왜 연구도 진행하기 전에 결과부터 예상해 보냐고요? 연구 결과를 예측하고 가설을 세워 앞으로의 과정을 예상해 보는 소중한 기회를 얻게 되는 것입니다. 여기서 연구 가설은 연구 문제를 해결하기 위해 세우는 것입니다. 통계적 분석을 통해 확인하고자 하는 내용을 정리하는 것이라고 보면 됩니다.

Action 3에 제시되었던 이○○ 학생의 예를 토대로 연구 가설에 대해 다시 한 번 설명해 보도록 하겠습니다.

연구 문제	1. 남녀 교사의 목소리에 따라 학생의 학습 집중도에 차이가 있을 것인가? 2. 남녀 교사의 목소리에 따라 학생의 선호도에 차이가 있을 것인가? 3. 연령이 다른 교사의 목소리에 따라 학생의 학습 집중도에 차이가 있을 것인가? 4. 연령이 다른 교사의 목소리에 따라 학생의 선호도에 차이가 있을 것인가?

연구 문제가 질문형이라면, 연구 가설은 변수와 변수 간의 관계를 설정하여 이에 대한 답을 내놓는 것으로 생각하면 쉽습니다. 이○○ 학생이 설정한 연구 가설은 아래와 같습니다.

연구 가설	1. 남녀 교사의 목소리에 따라 학생의 학습 집중도에 차이가 있을 것이다. 2. 남녀 교사의 목소리에 따라 학생의 선호도에 차이가 있을 것이다. 3. 연령에 따른 교사의 목소리는 학생의 학습 집중도에 차이가 있을 것이다. 4. 연령에 따른 교사의 목소리는 학생의 선호도에 차이가 있을 것이다.

반대의 가설을 세울 수도 있습니다. 바로 귀무가설(영가설)입니다. 귀무가설은 가설 검증을 할 때, 설정한 가설이 진실할 확률이 극히 적어서 처음부터 버릴 것이 예상되는 가설입니다. 추측과는 반대의 가설을 만드는 것입니다. 이○○ 학생이 설정한 귀무가설은 아래와 같습니다.

귀무 가설 (영가설)	1. 남녀 교사의 목소리에 따라 학생의 학습 집중도에 차이가 없을 것이다. 2. 남녀 교사의 목소리에 따라 학생의 선호도에 차이가 없을 것이다. 3. 연령에 따른 교사의 목소리는 학생의 학습 집중도에 차이가 없을 것이다. 4. 연령에 따른 교사의 목소리는 학생의 선호도에 차이가 없을 것이다.

연구 가설은 '~차이가 있을 것이다.', 귀무가설은 '~차이가 없을 것이다.'라고 세우는 것입니다. 연구 방법의 차이는 특별히 없으며, 차이나 효과를 입증하는 데 있어서 연구 문제의 반대 가설을 세우는 정도로 생각하면 됩니다.

**Workbook**

다각도로 생각해 봐! **나의 연구 가설 작성하기**

▶ 나의 연구 문제를 적어 봅시다.

▶ 설정한 연구 가설을 적어 봅시다.

Q 제가 제시한 연구 문제가 적절한지 판단해 볼 수 있는 기준이 있나요?

A 연구 문제의 적절성을 파악하기 위한 세 가지 팁을 알려 주겠습니다. 먼저 적당한 범위를 갖고 있는 연구 문제인지 살펴봐야 합니다. 두 번째는 여러분의 능력과 상황 조건을 고려하여 조사가 현실적으로 가능한지의 여부입니다. 아무리 필요한 연구일지라도 제약 조건이 많은 연구 문제는 진행하기 어렵습니다. 세 번째로는 검증이 가능한지 체크해야 합니다. 지나치게 추상적인 문제이거나, 경험적으로 측정하기 어려운 문제, 가치를 다루는 문제 등은 과학적 연구 대상이 되기 어렵습니다.

Q 변수는 많을수록 좋은 건가요?

A 변수가 많으면 분명 연구 결과가 풍부해지는 장점은 있습니다. 그러나 연구 모형이 복잡해져서 서로 영향을 주고받는 변수들 간의 관계들을 다 검증해야 한다는 어려움도 있습니다. 따라서 고등학생인 여러분 입장에서는 너무 많은 변수들로 과도한 확장을 하기보다는 적절한 양의 변수로 연구를 진행하는 것이 더 좋습니다.

Q 꼭 연구 문제와 가설을 둘 다 만들어야 할까요? 연구 문제만 제시하면 안 되나요?

A 여러 논문들을 살펴보면 연구 문제와 가설이 둘 다 있지 않은 경우도 있습니다. 논문의 목적을 검증에 두지 않는다면 연구 문제만 있어도 됩니다. 그러나 논문의 목적이 검증에 있다면 반드시 가설이 필요합니다. 검증의 대상은 가설이지 연구 문제가 아니기 때문입니다. 즉, 검증과 가설은 짝꿍처럼 붙어 있어야 합니다. 또한 앞서 살펴본 것처럼 연구 문제와 가설은 표현 방식도 다릅니다. 연구 문제는 의문형으로 표현하는 반면, 가설은 명제형으로 명확하게 표현해야 합니다.

step 3
연구 방법

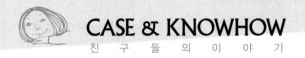

논문 주제에 맞는 적합한 연구 방법을 적용해 볼까?

☺ 나는 논문의 주제상 책이나 다른 논문에서 필요한 자료를 찾는 것뿐만 아니라 화장품 사용 실태에 대한 설문 조사와 화장품의 성분 분석도 직접 해야 했는데, 소논문 수업을 통틀어서 가장 힘들었던 게 바로 이 두 가지였다. 설문 조사의 경우에는 조사 대상자를 넉넉히 확보하기 위해 평소에 연락을 안 하던 친구들에게까지 설문 조사를 해 달라고 부탁했다. 화장품의 성분 분석도 공책에 10개가 넘는 화장품들의 성분을 적고, 하나하나 공통 성분을 찾아 조사를 해 가며 연구 방법 설계에 따라 진행했다.

☺ 나에게 소논문 쓰기 중 가장 어려우면서도 재밌었던 것은 질의 면접이었던 것 같다. 목차 구성 후 나는 친구들과 선배들과의 질의 면접을 하기 위해 바쁘게 움직였다. 질의 면접을 하면서 많은 조언과 도움을 받기도 했다. 나에게 논문이 더 보람 있게 느껴진 이유는 내가 직접 발로 뛰어 얻은 결과물이었기 때문이다.

국립중앙도서관과 국회도서관은 보물창고나 마찬가지!

☺ 가장 인상 깊었던 활동은 역시나 '국립중앙도서관'을 방문한 일이다. 국립중앙도서관을 방문하면서 첫 번째로 소논문 쓰기 강좌를 수강하게 된 것을 감사했고, 왜 이때까지 이런 좋은 곳을 이용하지 못했을까 하는 생각이 들었다. 리포트를 위해 연구자들의 학위 논문을 쌓아 놓고 내가 원하는 정보를 하나하나 찾고 정리해 결국 내 것으로 만드는 그런 작업들……. 대학에나 가면 할 수 있을 거라 생각했는데, 그 작업을 고등학생인 내가 하고 있었다. 한편으로는 뿌듯하였고, 내 안에서 무언가 성장한 듯한 느낌도 받았다.

☺ 국회도서관에 갔을 때는 정말 신세계였다. 보통 내가 자주 가는 지역 도서관들과는 다르게 뭔가 시스템이 체계적으로 보이고 자료도 많았다. 나는 필요한 논문을 신청하여 받아 보면서 언젠가 내 논문도 여기에 보관될 것이라 꿈꾸었다. 논문 자료를 찾는 것이 쉽지는 않았다. 그렇지만 여러 논문에서 내가 필요한 내용을 조금씩 찾는 것도 마치 보물찾기처럼 재미있었다.

수집한 자료를 읽고, 이해하고, 내 것으로 만드는 능력자!

☺ 소논문 작성을 시작하기에 앞서 우여곡절 끝에 선행 연구를 찾아보았다. 차근차근 주제에 맞는 선행 연구를 선별하고, 이전보다 더 많은 시간을 자료들을 검토하는 데에 쏟았다. 어렵게만 느껴져서 잘 접하지 않았던 논문들을 계속해서 찾고, 읽다 보니 그 과정에서 가장 큰 지적 성장이 이루어진 듯하다. 소논문을 작성할 때는 정작 필요한 자료가 부족해 아쉬운 경우도 있었지만, 나중에 양적 연구를 수행할 수 있을 때에 그에 관한 것을 더 연구해 보고 싶다는 생각도 들었다.

☺ 체계적인 형식 아래에서 작성되는 논문은 글의 특성상 전문적인 배경 지식을 필요로 한다. 마찬가지로 소논문 쓰기도 선행 연구에 대한 이해가 바탕이 되어야 했다. 선행 연구들 속에서 원하는 정보를 파악하고 추려 내는 일은 많이 까다로웠다. 이공 계열의 논문을 읽는 데에는 공학적인 지식까지 필요했기 때문에 전문 용어들을 하나하나 찾아보면서 이해하려 애를 썼다. 글 구조 자체가 머릿속에 들어오지 않는 경우도 많았기에 일부 논문은 인쇄해서 줄을 긋거나 메모를 하며 검토했다.

연구의 사전적 의미는 '사람이 어떤 대상이나 현상을 깊이 있게 조사하고 생각하여 그 이치나 진리를 밝히는 것'이라고 합니다. '어떤 대상이나 현상'이 우리가 앞 단계에서 고민한 연구 문제라면 이제 깊이 있게 조사해야 할 차례입니다. 먼저 연구 문제를 해결하기 위해 필요한 자료가 무엇일지 고민해야 합니다.

자료 수집 방법	어떻게 자료를 수집할까?
자료의 특성	수집된 자료는 어떤 특성을 가지고 있을까?
자료 분석 방법	수집한 자료를 어떻게 분석할까?

이렇게 자료에 대한 고민을 하는 것이 연구 방법 설계의 첫 시작입니다. 다양한 자료를 수집하는 방법 중에는 여러분이 주로 사용하는 문헌 연구와 실험 연구, 조사 연구, 사례 연구가 있습니다.

방법	목적	자료 수집 방법	
문헌 연구	역사적 문헌, 공식 문건, 신문, 잡지, 통계 자료 등 자료를 수집, 분석하는 연구 방법	동일한 연구 문제에 대한 기존 연구 결과와 연구 동향을 파악할 수 있는 모든 연구 활동의 기초가 되는 연구	문헌 연구
실험 연구	특정한 문제를 개선하기 위한 연구 방법	독립 변수를 조작하여 종속 변수에 미치는 영향을 검증하는 연구	문헌 연구 + 실험
조사 연구	사회학적, 심리학적, 교육학적 변수들의 상대적 영향력과 분포, 상호 관계를 밝히기 위한 연구 방법	전체 집단을 대표할 수 있는 연구 대상에게 설문 조사, 인터뷰 등의 방법으로 연구 문제에 관련된 사람들의 속성이나 행동, 태도 등을 연구	문헌 연구 + 설문 조사 + 인터뷰
사례 연구	어떤 현상에 대해 자세히 기술하고 가능한 모든 것을 설명하며 평가하는 연구 방법	특정 연구 대상의 특성이나 문제를 진단하고, 문제 해결 방안을 찾고, 사례 연구를 통해 발견된 사실을 이론으로 발전시키는 연구	문헌 연구 + 설문 조사 + 인터뷰

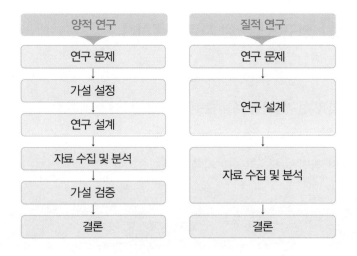

양적 · 질적 연구 절차

　또한 어떤 현상에 대해 어떤 방법으로 접근하느냐에 따라 양적 연구와 질적 연구로도 나눌 수 있습니다. 양적 연구 방법(연역적 접근)은 문제를 인식하여 가설을 정하고 수량적인 자료를 얻어 경향성을 발견하려는 객관적 연구를 강조하는 방법입니다. 질적 연구 방법(귀납적 접근)은 현상에 대한 깊이 있는 이해를 통해 의미를 찾아내려는 방법입니다.

　나의 연구 주제에 대해 어떤 연구 방법으로 자료를 수집해야 할지 막연하고 어려울 때는 선행 연구자들이 어떻게 연구 방법을 설계했는지 찾아봅시다.

⊙ 단계별 *CHECKLIST*

☐ 학생으로서 실천 가능한 연구 방법인가?
☐ 연구 대상의 선정이 적절한가?
☐ 측정 도구를 검증했는가?
☐ 선행 연구 분석을 성실하게 하였는가?

Action 1 연구에 필요한 자료 기록하기

　지금까지 무엇을 연구할지에 대해 충분히 고민했다면 이제는 내가 제기한 문제를 해결하기 위한 작전을 구상하는 작전 타임 단계입니다.

　친구들은 어떤 작전을 세우고 있는지 살펴보겠습니다.

연구 주제 연구 문제	문제 해결에 필요한 자료	선택한 연구 방법
오리온 초코파이의 해외 진출 국제 경영 연구 오리온 초코파이의 해외 진출 사례를 통해 알 수 있는 국제 경영 전략의 특성은?	• 오리온 초코파이와 관련한 선행 연구 자료 • 오리온 초코파이에 관한 공식 문건, 신문, 잡지, 통계 등의 모든 자료	문헌 연구
농도에 따른 피톤치드의 항균력 측정 기준점 개발 연구 피톤치드의 농도에 따라 항균력의 상관관계를 측정하는 기준점을 찾을 수 있는가?	• 피톤치드의 항균력에 관한 선행 연구 자료 • 피톤치드 농도에 따라 항균력의 차이를 연구한 선행 연구 자료 • 피톤치드 농도에 따른 항균력 측정에 관한 선행 연구 자료 • 피톤치드의 농도와 항균력에 영향을 미칠 수 있는 변인에 관한 선행 연구 자료 • 각 농도에 따라 피톤치드의 항균력이 어떻게 달라지는지를 알 수 있는 실험 결과 데이터	문헌 연구 + 실험
독도 영유권 분쟁과 관련한 내·외국인의 인식 독도 영유권 분쟁에 관하여 내·외국인의 인식에 차이가 있는가?	• 독도 영유권 분쟁에 관한 선행 연구 자료 • 독도 영유권 분쟁 관련 인식 조사 선행 연구 자료 • 분쟁 지역 영유권에 대한 해외 사례 선행 연구 자료 • 영유권 분쟁 관련 내·외국인의 인식 조사 선행 연구 자료 • 독도 영유권 분쟁 관련 내·외국인의 인식 조사 결과 자료 (설문지, 인터뷰 등)	문헌 연구 + 설문 조사 + 인터뷰
고등학교 선택에 영향을 주는 요인에 관한 연구 • 학생의 고등학교 선택에 영향을 주는 요인은? • 학부모의 고등학교 선택에 영향을 주는 요인은?	• 고등학교 선택과 관련된 선행 연구 자료 • 중학생을 대상으로 고등학교를 선택하는 기준을 조사하고 면담한 결과 자료 • 중학생을 둔 학부모를 대상으로 고등학교를 선택하는 기준을 조사하고 면담한 결과 자료	문헌 연구 + 설문 조사 + 인터뷰

이렇게 내가 연구하려는 문제에 따라 필요한 자료도, 자료를 수집하는 방법도 제각기 다릅니다. 그런데 공통점은 모든 연구에 문헌 연구 방법이 포함된다는 점입니다. 왜냐하면 연구란 선행 연구 자료를 바탕으로 이루어지기 때문입니다. 그러므로 어떤 연구 방법을 선택하더라도 나의 연구와 관련된 선행 연구 분석이 모든 연구 방법의 출발임을 명심하세요.

어떻게 나의 연구 방법을 찾을지 모르겠다고요? 최적의 연구 방법을 찾고 싶다면 힌트는 선행 연구에 있습니다. 선행 연구에서는 어떤 방법으로 어떤 자료를 수집하고 있는지 찾아보고 자신만의 최적의 연구 방법을 생각해 보세요.

맨땅에 헤딩! **연구 문제 해결에 필요한 자료 추측하기**

▶ 각 연구 문제마다 필요한 자료를 생각나는 대로 모두 써 보고, 선행 연구에서는 어떤 자료를 어떻게 수집하고 있는지 조사해 봅시다.

나의 문제 제기	문제 해결에 필요한 자료	선행 연구에 사용된 자료와 수집 방법 조사
연구 문제 1		
연구 문제 2		
연구 문제 3		

Yes or No? 자료 수집 방법 결정하기

▶ 나의 연구에 적합한 자료 수집 방법을 찾아봅시다.

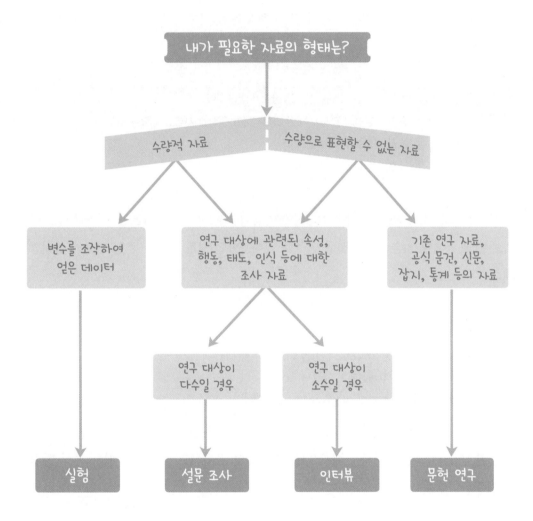

Action 2 자료 수집 전략 세우기

연구 목적에 따라 자료를 수집하는 방법이 다릅니다. 자료 수집 방법은 '연구 문제 확인-자료 수집-자료 분석'을 기본으로 각 자료의 특성에 따라 연구 대상, 측정 도구 등을 고려하여 선택해야 합니다. 자료 수집 방법에 따라 어떤 전략을 세울지 자세한 방법을 알아볼까요?

문헌 연구	기존의 연구 자료를 검토할 필요가 있을 경우
실험	원인과 결과의 관계에 대한 과학적이고 정확한 자료가 필요한 경우
설문 조사	조사 대상의 범위가 넓을 경우
인터뷰	소수를 대상으로 하는 깊이 있는 자료가 필요한 경우

문헌 연구는 모든 연구 방법에 선행되어야 합니다. 지금까지 여러분이 연구 주제를 정하고 연구 문제를 기술하면서 선행 연구를 찾아보았던 모든 과정이 문헌 연구의 방법입니다.

문헌 연구의 목적

- 최근까지의 연구 동향을 파악하고 전망을 이해하기 위해서
- 추상적인 연구 문제를 구체화하기 위해서
- 발생할 수 있는 시행착오들을 제거하기 위해서

문헌 연구는 일정한 주제에 대한 기존 연구들을 종합하고 검토하는 메타 분석 방법을 사용합니다.

연구 방법 절차		문헌 연구	실험	설문 조사	인터뷰
연구 문제 확인		연구 문제 확인	연구 문제 확인	연구 문제 확인	연구 문제 확인
		연구 핵심 키워드 정리	연구 가설 구체화		
		연구 핵심 키워드 이해 및 확장	변수의 특징 분석		
연구 대상 선정		–	연구 대상 선정(실험 집단과 통제 집단 구분)	연구 대상 선정	연구 대상 선정
측정	측정 도구 개발	–	종속 변수의 변화를 측정할 도구 개발	설문지 제작	질문지 제작
	예비 측정 실시	–	예비 측정 실시	예비 설문 조사 실시	예비 인터뷰 실시
	측정 도구 수정	–	예비 측정에서 나타난 문제점 제거	설문지 수정	질문지 수정
	측정 실시	–	실험 실시	설문지 배포	면접 실시
자료 수집		연구 핵심 키워드로 자료 수집	자료 수집	자료 수집	자료 수집
결과 분석		자료 분석	결과 분석	결과 분석	결과 분석

■ 연구 문제 확인

모든 자료 수집을 시작하기 위해서는 연구 문제를 정확히 확인해야 합니다. 연구 문제를 기준으로 수집할 자료의 특성과 항목을 찾아야 합니다. 이 과정에서도 선행 연구와 비교하며 조사 항목을 완성할 수 있습니다.

연구 문제		교사의 목소리에 따라 학생의 집중도에 차이가 있을 것인가?
연구 가설		교사의 목소리에 따라 학생의 집중도에 차이가 있을 것이다.
문헌 연구	연구 문제 확인	교사 목소리와 학생의 집중도에 관한 선행 연구가 필요한지 확인한다.
	연구 핵심 키워드 정리	교사의 목소리, 학생의 집중도
	연구 핵심 키워드 이해 및 확장	교사의 목소리의 성별과 연령 차이, 학생의 집중도 차이

	연구 문제 확인	교사의 목소리 정도에 따라 학생의 집중도에 어떤 영향을 미칠지 실험해야 할 것을 확인한다.
실험	연구 가설 구체화	교사의 목소리에 따라 학생의 집중도에 차이가 있을 것이다.
	변수의 특징 분석	독립 변수: 교사의 목소리의 성별과 연령 종속 변수: 학생의 집중도
설문 조사, 인터뷰	연구 문제 확인	교사의 목소리의 종류에 따라 학생들이 집중하게 되는지 알아보기 위해 조사할 것을 확인한다. 조사 항목: 교사의 특성(성별, 연령 등), 학생의 특성(선호도, 집중 시간, 집중도 인식 정도 등)

■ 연구 대상 선정

누구를 대상으로 연구할까요? '스키니진이 여고생의 몸에 미치는 영향'에 대한 연구를 진행할 때 연구 대상이 되는 전체 집단, 여고생 전체를 대상으로 연구하는 것은 불가능합니다. 그러므로 전체 집단에서 적절하게 실험, 조사 대상자를 선정해야 합니다. 이렇게 선정된 집단은 집단 전체를 대표해야 합니다. 연구 대상을 선정하는 것은 연구 결과의 타당성을 결정하는 중요한 과정입니다.

연구 대상 선정 방법
• 연구 결과가 집단 전체의 특성을 객관적으로 나타낼 수 있도록 실험 집단을 선정할 것
• 현실적으로 조사가 가능한 대상을 선정할 것

연구 대상 규모
• 최소 30명 이상
• 실험: 실험 집단과 통제 집단 각각 최소 15명 이상
• 설문 조사: 최소 100명 이상
• 인터뷰: 소수를 대상으로 깊이 있는 조사를 하기 때문에 연구 대상이 적을 수 있음

실험 연구에서는 종속 변수의 특성 분석을 통해 실험의 통제 요인을 찾습니다.

실험	실험 전 실험 집단과 통제 집단의 연구 대상의 특성이 동일한지를 확인할 것
설문 조사, 인터뷰	연구 대상이 되는 집단이 전체를 대표하는지를 확인할 것

연구 문제	피톤치드의 양에 따라 곰팡이 균에 대한 항균력에 차이가 있을까?
연구 가설	피톤치드의 양에 따라 곰팡이 균에 대한 항균력에 차이가 있을 것이다.
연구 대상 분석	곰팡이 균 성장에 영향을 미치는 습도와 온도의 통제를 확인한다.
처치	피톤치드의 양을 조절하기 위해 스프레이 분사 횟수를 각 1, 2, 3회로 설정한다.
측정	피톤치드의 양에 따라 곰팡이 균에 대한 항균 정도를 측정한다.

연구 대상	사전 검사	처치	사후 검사
실험 집단 1	사전 검사 1	스프레이 분사 1회	사후 검사 1
실험 집단 2	사전 검사 2	스프레이 분사 2회	사후 검사 2
실험 집단 3	사전 검사 3	스프레이 분사 3회	사후 검사 3
통제 집단	사전 검사 4		사후 검사 4

연구 대상 선정에서는 연구의 타당성을 높이기 위해 연구 범위를 구체적으로 제한해야 합니다. 연구 범위는 성별이나 지역, 연령, 학력 등을 제한하며 부제를 붙일 수 있습니다.

> 고등학생의 권장 도서 목록 활용 실태 및 활성화 방안에 관한 연구
> – 서울시 ○○구 고등학교를 중심으로 –

■ 측정

무엇을 어떻게 측정할지, 어떻게 수를 부여할지를 고민하며 측정 도구를 개발합니다. 측정 도구 개발, 예비 측정 실시, 측정 도구 수정, 측정 실시 순으로 진행됩니다.

실험	독립 변수에 따라 종속 변수의 변화를 측정하는 도구
설문 조사, 인터뷰	질문지(설문지) 개발

이 단계에서는 측정 도구를 개발할 뿐 아니라 예비 측정을 통해 측정 도구를 검증해야 합니다. 여러분에게는 어려운 과정일 수 있지만, 선행 연구를 통해 검증된 측정 도구를 사용한다면 측정 도구 개발, 예비 측정 실시, 측정 도구 수정 단계를 생략할 수 있습

니다. 연구 대상의 특성에 대한 연구에는 전문가들이 만들어 놓은 표준화 검사를 참고하는 것도 한 방법입니다.

국내 표준화 검사의 예

한국교육계발원(2005), 한국 교육 종단 연구	배경 및 학교 교육의 투입 정보, 교육 및 학급 과정 정보, 교육 결과 정보와 관련된 문항으로 구성
한국교육과정평가원(2013), 국가 수준 학업 성취도 평가	학생(가족과의 여가 활동, 동거 유형, 학교생활 행복도, 수업 태도, 방과 후 학습 활동, 학업적 효능감, 교과 태도, 흥미 등), 교사(직무 만족도, 자기 효능감, 교수 학습 준비 및 운영, 과제 부여, 평가 방법 등), 학교(학교 풍토 현황, 교육 프로그램 운영 등) 대상으로 설문지 구성
서울대학교 사범대학 교육연구소(1997), 한국 교육 심리 검사 총람	지능 검사(37개), 적성 검사(18개), 성격 인성 검사(24개), 흥미 검사(10개), 정의적 특성 검사(9개), 유아 검사(19개), 특수 검사(13개), 인성 검사(14개) 등

설문 조사나 인터뷰를 위한 측정 도구를 만들어야 한다면 연구 문제를 중심으로 측정 항목과 측정 내용을 만들어야 합니다. 그리고 각 측정 내용에 대한 자료를 수집할 수 있는 문항을 개발해야 합니다.

논문 제목	고등학교 환경 교육의 실태와 학생들의 인식에 대한 연구
연구 문제	고등학생의 환경 문제에 대한 인식 정도는 어떠한가? 학교 환경 교육의 실태와 문제점은 무엇인가? 학교 환경 교육의 개선 방안은 무엇인가?
측정 항목	**측정 내용**
환경 문제에 대한 인식	환경 관련 뉴스에 대한 관심도, 환경 문제 지식 획득 매체, 환경 문제에 대한 인지 정도
학교 환경 교육의 실태와 문제점	환경 관련 수업 경험 여부, 환경 문제 관심도 증가 여부, 환경 교육 만족도, 환경 과목 필요성, 필수 과목 지정 여부, 환경 보호 운동 참여 정도, 민간 환경 단체와 고등학교 환경 교육 네트워크 구축의 필요성, 학교 환경 교육의 문제점
학교 환경 교육의 개선 방안	학교에서의 환경 교육 학습 방법, 환경 교육의 목적, 환경 교육 방법, 민간 환경 단체와 고등학교 환경 교육 네트워크 구축 방법, 학교 환경 교육 활성화 방안

설문지 구성

안내문	설문지의 목적을 설명하며 사적 비밀 보장에 대한 약속과 협조 부탁
응답자 인적 사항	인구 통계학적 배경과 관련된 질문
설문 문항	연구 대상 분석에 필요한 질문 연구 문제를 해결하기 위한 문제를 설문지의 중심에 배치 일반적인 질문에서 의견을 묻는 질문 순서로 배치 관련이 있는 문제를 인접하게 배열 응답자가 자연스럽게 응답할 수 있도록 나열

설문 문항 형식

개방형 질문		응답지 없이 질문만 던지는 형식	한 달 소득은 어느 정도입니까?
폐쇄형 질문	양자 선택형	2개의 응답지 중 하나 선택	현재 한국 국적을 취득하였습니까? (예, 아니오)
	선다형	응답지가 3개 이상인 질문	결혼 전 국적은 어디입니까? ① 중국 ② 베트남 ③ 필리핀 ④ 일본 ⑤ 기타(　　)
	평정형	응답지를 척도로 구성한 형식	나는 내가 가치 있다고 생각한다. 전혀　　그렇지　　보통이다　　그렇다　　매우 그렇지 않다　않다　　　　　　　　　　　그렇다

설문 문항 체크리스트

☐ 응답하기 쉽고 흥미 있는 질문을 설문지 앞부분에 배치하고 전문적이고 응답하기 어려운 질문
　 은 뒷부분에 배치하였는가?

☐ 한 문항에는 한 가지만 질문하고 있는가?

☐ 편견이 있는 특정 대답을 유도하지 않았는가?

☐ 객관식 문항으로 만들 수 있는 주관식 문항은 없는가?

☐ 유사 질문 문항을 긴밀히 배치하였는가?

☐ 문장 구성과 어휘 선택에 일관성이 있는가?

☐ 응답자에게 민감한 내용이나 자존심이 상할 만한 질문은 없는가?

☐ 글자체나 인쇄 상태가 깨끗한가?

측정 도구를 개발했다면, 이 측정 도구가 올바르게 자료 수집을 할 수 있는 도구인지를 확인해야 합니다.

실험에서는 개발된 측정 도구의 예비 측정을 위해 원래 실험 집단과 통제 집단이 겹치지 않게 연구 대상을 따로 선정합니다. 그리고 측정 도구의 실험 처치를 통한 종속 변수의 변화가 잘 측정되는지를 확인합니다. 설문 조사와 인터뷰를 할 때도 연구 대상과 겹치지 않는 대상을 선정하여 측정 도구의 언어 구사, 배열, 형식, 내용 등이 적합한지를 점검하는 예비 측정을 실시해야 합니다.

설문지 예비 측정 결과 체크리스트

___

- □ 응답자들은 조사 목적과 내용을 이해하는가?
- □ 응답자는 연구자가 기대하는 의미와 같은 뜻으로 질문을 해석하는가?
- □ 문항의 언어 구사는 명확한가?
- □ 질문의 해석에 있어 집단에 따른 차이가 존재하는가?
- □ 응답자들이 편한 마음으로 응답하는가?
- □ 한 부분에서 다른 부분으로의 흐름에 무리가 없는가?
- □ 응답자를 혼동시키는 문항들이 있는가?
- □ 응답자들이 대답하기 어려운 질문이 있는가?
- □ 문항 수는 적절한가?
- □ 응답 요령 및 지침은 분명한가?
- □ 건너뛰는 질문과 같은 복합형 질문이 응답자들에게 명확하게 이해되도록 구성되었는가?
- □ 수집된 응답은 조사 목적에 부합하는 적절한 응답인가?
- □ 개방형 응답의 경우 충분히 자세한 응답인가?
- □ 개방형 문항의 응답이 너무 다양해서 분석의 어려움이 예상되는가?

___

Bonus tip

웹을 이용한 설문 조사 방법

웹에서 설문지를 작성하여 이메일로 상대방에게 전송하여 결과를 받는 조사 방법도 있습니다. 대표적인 사이트로 Google Docs(구글 독스, https://docs.google.com)가 있습니다.

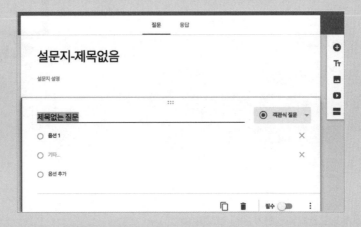

- '텍스트'는 단답식 질문을 취합할 때 사용한다.
- '단락 텍스트'는 서술형 답변이 필요할 때 사용한다.
- '객관식 질문'은 여러 선택 문항 중 1개만 선정해야 할 때 사용한다.
- '확인란'은 객관식과 외양은 흡사하지만 여러 선택 문항 중 복수로 여러 개를 선정할 때 사용한다.
- '목록에서 선택'은 질문자가 제공한 목록에서 선택하도록 하는 것인데, 선택형은 답이 좀 긴 경우, 목록 선택지는 답이 짧은 단어인 경우 쓰는 것이 좋다.
- '점수 범위 선택'은 1점에서 5점까지 점수를 매기고, 그 점수 범위에서 응답자가 생각하는 점수를 매기게 할 때 사용한다.
- '그리드형 질문'은 행, 열에 점수를 매겨 그래프를 그리게 하는 방식이다.
- '날짜'는 날짜를 응답할 수 있게 한다.
- '시간'은 시간을 응답할 수 있게 한다.

■ 자료 수집

논문은 자료 수집이 매우 중요합니다. 논증적 글쓰기, 곧 주장에 대한 근거가 명확히 제시되어야 하기 때문입니다. 주관적인 나의 생각을 정리하는 글이 아니기 때문에 한 마디 한 마디 근거를 명확히 제시해야 합니다. 그러므로 나의 논문이 탄탄한 논리를 갖추기 위해서는 풍부한 자료가 뒷받침되어야 합니다.

먼저 문헌 연구를 통해 선행 연구를 충분히
분석해야 합니다. 연구 문제에서 확장한 핵심 키
워드로 관련된 선행 연구들을 찾아봅시다.

선행 연구 찾기

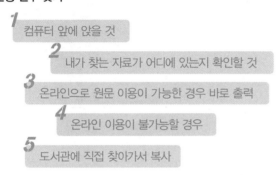

1 컴퓨터 앞에 앉을 것

2 내가 찾는 자료가 어디에 있는지 확인할 것

3 온라인으로 원문 이용이 가능한 경우 바로 출력

4 온라인 이용이 불가능할 경우

5 도서관에 직접 찾아가서 복사

찾은 논문이 내게 필요한지 확인하기 위해 살펴야 할 것

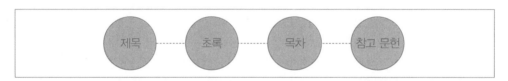

필요한 논문을 찾았을 때 기록해 둘 것

참고 문헌 정보	이병기(2007). 국가 수준의 교육 과정과 연계한 정보 활용 교육과 도서관 활용 수업의 제도화. 한국도서관정보학회, 38(1), pp.443-462.
내용 요약	도서관 활용 수업은 교육 과정 안에서 다양한 수업을 가능하게 함
인용문	"도서관 활용 수업은 사서 교사와 교과 교사의 협력의 과정이며 이를 가장 잘 나타낼 때 그 효과가 극대화된다."(p.445.)
나의 생각	학교 도서관은 교사의 교수 활동과 학생의 학습 활동을 지원하는 교수 학습 지원 센터의 역할을 해야 한다.

실험, 질문, 인터뷰로 자료를 수집할 때에는 예상하지 못한 상황이 발생할 수 있습니다. 수집한 자료로 내가 제기한 연구 문제를 해결할 수 없다면 연구 방법에 수정이 필요합니다. 이러한 시행착오를 줄일 수 있는 방법은 충분한 선행 연구 분석입니다. 연구 대상 선정이 잘 되었는지, 측정 도구는 적절한지, 자료 수집 과정에는 문제가 없었는지 등을 선행 연구를 통해 꼭 확인하기 바랍니다.

■ 결과 분석

수집된 자료를 어떻게 분석할지를 밝혀야 합니다. 측정 도구의 각 항목별로 결과를 분석할 수 있는 최적의 방법을 선행 연구에서 찾아볼까요? 만약에 측정 도구를 선행 연구에서 찾았다면 결과 분석 방법도 선행 연구의 방법을 토대로 하면 됩니다.

논문 제목	고등학생과 간호대 학생이 지각하는 간호사 이미지에 관한 연구
연구 문제	고등학생과 간호대 학생이 지각하는 간호사 이미지에 차이가 있는가?
측정 도구의 항목	• 일반적 특성 4개 문항 • 간호사 이미지 28개 문항(전통적 이미지 12개 문항, 사회적 이미지 7개 문항, 전문적 이미지 6개 문항, 개인적 이미지 3개 문항)
분석 방법	• 대상자의 일반적 특성 및 대상자의 간호사 관련 경험은 빈도와 백분율로 처리한다. • 간호사 이미지는 빈도, 백분율, 평균과 표준편차로 분석한다.

연구 방법의 좋은 모델은 이미 여러분의 손에 있을지도 모릅니다. 연구 활동을 이제 막 시작한 여러분이니 부지런히 발로 뛰어야 할 것입니다. 소논문 쓰기는 선행 연구를 얼마나 많이 찾았는지가 중요한 관건임을 잊지 마세요.

작전 타임! **자료 수집 전략 수립하기**

▶ 나의 연구 문제와 핵심 키워드를 정리해 봅시다.

나의 연구 문제		
연구 문제 확인	연구 핵심 키워드 정리	
	연구 핵심 키워드 이해 및 확장	

▶ 연구 핵심 키워드에 대한 문헌 연구 자료 수집 전략을 세워 봅시다.

문헌 연구	연구 핵심 키워드에 대한 문헌 연구 자료 수집 전략	
	자료 분석 전략	

▶ 실험, 설문 조사, 인터뷰 중 한 방법을 고르고 그에 따른 자료 수집 전략을 세워 봅시다.

☐ 실험 ☐ 설문조사 ☐ 인터뷰	연구 대상 선정 전략	
	측정 전략 측정 도구 개발 | 예비 측정 실시 | 측정 도구 수정 | 측정 실시	
	자료 수집 전략	
	결과 분석 전략	

Q 자료 조사를 하러 국립중앙도서관과 국회도서관을 방문할 때 유의할 점은 무엇인가요?

A 학교 도서관이나 인근 공공 도서관에는 필요한 학술 자료가 부족할 수 있습니다. 따라서 납본 제도를 통해 국내 주요 자료들을 입수, 보존하고 있는 국립중앙도서관과 국회도서관을 방문하는 것은 소논문 작업에 있어 꼭 필요한 과정입니다. 특히 국회도서관은 국내에서 발행되는 모든 석·박사 논문들을 납본 형식으로 보존하기 때문에 연구를 진행하면서 자주 방문하게 될 곳입니다. 두 기관을 방문할 때 유의할 점은 이용증을 발급받아야 출입이 가능하다는 점입니다. 또한 자료의 관외 대출이 안 되므로 이 점도 참고할 필요가 있습니다. 특히 국회도서관은 미성년자(만 17세 미만)의 경우 학교장이나 교사의 추천서가 필요하므로 방문 전에 선생님에게 추천서를 부탁드려야 합니다.

Q 적합한 자료를 잘 찾을 수 있는 방법이 있나요?

A 유용한 팁을 한 가지 제공하자면, 여러분이 적합한 자료 하나만 제대로 발견하면 인용 문헌 확대 탐색을 할 수 있다는 것입니다. 쉽게 말해, 여러분이 발견한 자료의 참고 문헌을 살펴보면 관련성 높은 자료들이 많이 모여 있는 것을 볼 수 있습니다. 이를 활용하면 꼬리에 꼬리를 물듯 핵심 자료를 손쉽게 찾을 수 있습니다.

Q 수집한 자료를 효율적으로 관리하고 정리할 수 있는 방법이 있을까요?

A 주요 정보원을 통해 입수한 모든 자료들은 유형에 따라 관리를 다르게 해야 합니다. 우선 입수한 자료들은 자료 조사 목록을 작성하여 체계적으로 관리해야 필요할 때 바로 활용할 수 있습니다. 출력본이나 복사본의 경우 클리어파일에 라벨을 붙여 분류하고, 파일 자료의 경우에는 USB나 클라우드 서비스를 활용하여 폴더별로 분류 및 저장해 두면 좋습니다.

Q 논문들을 다 정독하지 않고 필요한 부분만 효율적으로 찾아 읽는 방법은 없을까요?

A 논문을 다 읽고 이해하기에 분량이 많을 경우 다음 3가지 방법을 참고하면 좋습니다. 첫째, 논문을 요약해 놓은 초록을 먼저 읽고 저자의 의도와 관점을 파악해 보세요. 둘째, 목차를 읽고 연구 문제와 범위, 전체적인 연구 흐름을 파악해 보세요. 셋째, 참고 문헌을 보면 연구의 방향성을 파악할 수 있습니다. 학위 논문에서 가장 유용한 부분이 바로 초록과 목차, 참고 문헌입니다. 이 부분들을 살펴 논문의 전체 흐름을 파악하고 나면 본인에게 필요한 정보가 숨어 있는 곳이 입체적으로 나타날 것입니다.

Q 설문 조사를 하려고 합니다. 최소 몇 명 정도를 조사해야 할까요?

A 조사 대상자의 규모를 어느 정도로 하는 것이 좋은지에 대한 절대적인 기준은 없지만, 일반적으로 소논문 작성에 필요한 설문 조사 대상자 최소 인원은 100명 이상으로 합니다. 설문 조사는 인터뷰나 실험 조사보다 연구 대상 규모가 상대적으로 큽니다.

Q 설문 문항을 만들 때 유의할 점은 무엇인가요?

A 설문 문항을 만들 때 유의할 점으로는 먼저 질문 내용에 편견이 담기지 않도록 해야 하며, 응답자가 답변하기 난감한 질문들은 피해야 합니다. 또한 문항 배치에도 전략이 필요합니다. 즉, 설문 대상자의 기본 정보를 기입하는 문항은 맨 앞쪽에 배치합니다. 그리고 응답이 쉽고 용이한 질문부터 시작하도록 하며, 유사한 질문들이 긴밀히 배치될 수 있도록 신경 써야 합니다.

step 4
연구 계획

소논문 제목은 간결하고 구체적으로!

☺ 소논문 제목을 수십 번 고치면서 논문을 하나의 문장으로 간결하게 표현한다는 것이 얼마나 어려운 일인지 알 수 있었다. 명료한 논문 제목이 나오려면 연구의 대상과 목적을 분명히 하여 전체 연구 흐름을 파악해야 가능하다는 것도 시행착오 끝에 알게 되었다. 기존 선행 연구의 논문 제목들을 참고하여 유사한 흐름의 문맥으로 써 보려는 시도도 여러 번 했다. 이러한 시도가 논문 제목을 정하는 데 매우 유용했다.

☺ 소논문을 처음 접했던 고등학교 1학년 때에는 소논문 제목을 정하는 것도 꽤 오랜 시간이 걸렸다. 내가 처음에 정했던 연구 제목은 '한국의 전자 정부에 관한 연구'였다. 하지만 주제의 범위가 너무 넓다는 선생님의 말씀을 듣고 '한국 전자 정부의 발전 방안에 대한 연구'로 고쳤다. 그 후로도 몇 번의 수정을 거쳐 제목을 더욱 구체적으로 '해외 전자 정부 추진 사례 비교를 통한 한국 전자 정부의 발전 방향에 대한 연구'로 정할 수 있었다.

소논문 작성에 필요한 연구 계획서를 세워 볼까?

☺ 연구 계획서 작성은 연구를 본격적으로 시작하기에 앞서 연구의 방향과 내용을 개괄적으로 설정하는 중요한 단계였다. 연구 계획서를 작성하면서 연구의 주제와 방향을 명확히 정할 수 있었으며, 이는 연구 목차 작업에도 큰 도움이 되었다.

☺ 소논문을 쓰면서 나는 연구를 계획하는 것이 소논문을 쓰는 과정 중 가장 어려운 부분이라는 것을 느꼈다. 앞으로 어떤 주제에 대해 연구를 진행할 것인지, 그 주제에 대한 자료는 어떻게 수집할 것인지, 글을 어떻게 구성해야 효과적으로 내용을 전달할 수 있을지 등을 미리 생각하고 그에 맞는 연구 계획서를 작성해야 했기 때문이다. 연구 계획서 작성은 연구를 진행하는 데 방향을 잡아 주는 중요한 과정이라서 결코 허술해서는 안 된다.

☺ 내가 연구 계획서를 작성한 순서는 '키워드 정하기 → 두 번째 키워드 정하기 → 연구 방향 정하기'였다. 첫 번째 키워드는 본인이 평소에 관심 있었던 분야로 정하는 것을 추천한다. 내 경우에는 평소에 지속 가능한 디자인에 관심이 많았기 때문에 '지속 가능성'이 첫 번째 키워드였다. 이 키워드를 국회도서관 사이트나 DBpia 등의 논문 검색 사이트에서 검색하면 다양한 선행 연구들이 나온다. 이를 보고 두 번째 키워드를 정하면 보다 쉽게 주제를 정할 수 있다. 물론 이 방법은 'A와 B의 상관관계' 형식을 가진 연구 이외에는 별로 효과가 없을지 모른다. 하지만 처음 시작 자체가 막막하다면 이런 식의 접근을 해 보는 것도 도움이 될 것이다. 연구 계획서를 작성할 때 가장 중요한 점은 '명확성'이라고 생각한다. 누가 읽더라도 내 연구의 주제, 목적, 의의를 확실히 파악할 수 있도록 쓰는 것이 좋다.

연구 주제도 정했고, 연구 문제도 밝혔다면 연구 계획을 세울 차례입니다. 일단 논문 제목을 만들어야 합니다. 논문 제목은 나의 연구 내용과 연구 결과를 한마디로 정의한 것입니다. 간결하고 명확하게 나의 연구 내용을 대변할 수 있어야 합니다. 그러므로 논문 제목에는 핵심 키워드뿐만 아니라 핵심 키워드 간의 관계와 연구 목적이 포함되어야 합니다. 보통 연구의 목적은 4가지로 구분할 수 있습니다.

집단 간의 비교 연구	어떤 처치를 가한 집단과 가하지 않은 집단 사이의 효과를 알아보는 연구
인과 관계 연구	원인−결과의 관계를 밝히는 연구
상호 관계 연구	상호 관련성에 대해 분석하는 연구
현상을 설명하기 위한 모형, 모델, 이론 구축 연구	알지 못하는 사회 현상을 설명하기 위해 변수 간에 어떤 관계가 있는지 모형, 모델, 이론을 만들어 설명하는 연구

논문 제목을 제시할 때 주의해야 할 사항은 다음과 같습니다.

- 제목을 통해 연구의 내용이 구체적이면서 명확하게 전달될 수 있도록 할 것
- 핵심 키워드를 꼭 포함시킬 것
- 속어나 꾸미는 말을 지양하고 간결하면서 정확한 메시지만 구사할 것
- 제목이 너무 짧거나 너무 길지 않도록 작성할 것
- 구어체나 물음표는 사용하지 않을 것
- 가능한 한 부제목을 원제목에 포함시킬 것

논문 제목을 쓸 때도 선행 연구를 참고하면 많은 도움이 됩니다. 선행 연구자들은 나와 같은 연구 주제와 연구 방법으로 연구를 할 때 어떻게 제목을 작성하였는지 찾아봅시다.

이렇게 논문 제목까지 작성하였다면 본격적인 연구에 앞서 연구 계획서를 작성합니다. 연구 계획서는 이제까지의 각 단계를 성실히 수행하였다면 어렵지 않게 작성할 수 있습니다. 연구 계획서는 다음의 내용을 포함해야 합니다.

논문 제목	연구 주제의 의미와 범위를 반영하여 구체적이고 명료하게 작성할 것
연구 필요성 및 목적	주제 설정의 취지, 연구 동기, 흥미, 관심을 기술하고 기존 연구와는 차별되는 본 연구의 독창성을 제시할 것. 연구의 필요성과 목적을 명확히 기술할 것
연구 문제	연구 주제를 반영하는 연구 문제, 연구 목적을 달성하기 위한 연구의 주요 내용, 연구 수행에서의 연구자의 자발적이고 주도적인 역할을 제시할 것
연구 방법	연구 문제별 연구 방법(조사의 경우 조사 방법을, 실험의 경우 실험 방법을 제시), 연구 일정 및 자료 분석 방법을 제시할 것
예상 결과 및 기대 효과	본 연구를 통해 얻을 수 있는 예상 결과와 기대 효과를 제시할 것
참고 문헌	연구의 주제, 내용과 관련된 참고 문헌 및 사이트를 기술할 것

연구 계획서를 작성할 때 가장 중요한 것은 참고 문헌이라 해도 과언이 아닙니다. 내가 연구하려는 주제와 연구 목적, 연구 문제, 연구 방법, 예상 결과 모두를 나의 머릿속 아이디어만으로는 작성할 수 없습니다. 철저하게 선행 연구를 분석하며 나의 연구의 가치를 입증해 줄 근거들을 쌓아야 합니다. 그래서 이 참고 문헌이 나의 연구의 보물단지임을 기억해야 합니다. 연구란 선행 연구를 바탕으로 한 탐구 활동이기 때문입니다.

step 4 연구 계획

◎ 단계별 *CHECKLIST*

☐ 논문 제목이 정확히 제시되었는가?
☐ 논문 쓰기의 계획을 수립하여 계획서를 작성하였는가?
☐ 참고 문헌을 정확히 첨부하였는가?

Action 1 논문 제목 만들기

앞에서는 연구 문제와 연구 방법을 통하여 진행하고자 하는 소논문의 기초 작업이 완성되었습니다. 이제 우리는 소논문을 대표할 얼굴 격인 '논문 제목'을 정하는 연습을 하려고 합니다.

논문 제목을 정할 때에는 먼저 연구 문제를 잘 살펴보아야 합니다. 연구 문제를 보면 그 속에 소논문을 통해 자신이 말하고자 하는 바가 숨어 있으니까요. 연구 문제 속 핵심 키워드를 가지고 '무엇'에 관한 연구인지, '무엇'을 '어떻게' 연구하였는지 간단 명료하게 제시하여 봅시다.

앞에서 살펴본 이○○ 학생의 연구 문제에서는 논문 제목을 어떻게 도출할 수 있는지 볼까요?

연구 문제	교사의 목소리에 따라 학생의 학습 집중도에 차이가 있을 것인가?
논문 제목	1. 교사의 목소리가 학생의 학습 집중력에 미치는 영향 2. 교사의 목소리와 학생의 학습 집중도 간의 관계

이○○ 학생은 자신의 연구 문제 속 햄식 키워드를 가지고 2개의 논문 제목을 뽑았습니다. 조절 변수나 매개 변수를 이용해 더 구체적인 논문 제목을 추출할 수 있겠지만, 이대로도 꽤 괜찮은 논문 제목입니다.

그럼 이제 논문 제목을 성할 때 우리가 특별히 주의해야 할 사항들에 대해 설명해 보겠습니다.

■ 연구의 핵심 단어 제시

논문 제목을 통해 연구 결과나 결론을 제시하는 것은 아닙니다. 연구의 핵심 단어만 사용함으로써 논문을 통하여 결과를 파악할 수 있도록 합니다.

학교 매점 간식에 많이 들어 있는 식품 첨가물의 문제점과 이용 금지 방안

학교 매점 간식의 식품 첨가물 실태와 개선 방안

■ 제목이 너무 긴 경우에는 부제 활용

부제는 가급적 사용하지 않지만 연령, 지역, 내용 범위 등을 한정하여 강조하거나 논문 제목을 줄여야 할 때는 사용할 수도 있습니다.

○○ 지역 고등학교 학생들이 생각하는 치과 치료에 대한 공포감 유발 요인과 해결 방안

치과 치료에 대한 공포감 유발 요인과 해결 방안
- ○○ 지역 고등학생을 중심으로 -

Action 2 선행 연구를 보며 논문 제목 다듬기

논문 제목을 최종적으로 완성하기 위해서는 내 연구 주제 및 연구 방법과 비슷한 선행 연구를 찾아보면서 어떠한 논문 제목이 가장 어울릴지를 확인해 보는 과정을 거쳐야합니다. 다음은 '드론(Drone)'이라는 연구 키워드를 가지고 문헌 연구를 실시하고자 하는 A학생의 예입니다.

A학생은 앞서 '논문 제목 만들기' 과정을 통하여 '드론의 활성화 방안'이라는 1차 제목을 정하였습니다. 이제 1차 제목을 통해 완성된 논문 제목을 정해 보도록 합시다. 먼저 선행 연구들을 통해 자신의 연구 방법과 비슷한 연구들의 제목을 살펴보아야 합니다. A학생의 연구 방법은 문헌 연구를 중심으로 진행하고자 하였지요? 그렇다면 '드론의 철도 산업 활용 제안', '세계의 민간 무인 항공기 시스템 관련 규제 현황' 등의 제목이 눈에 들어올 것입니다.

A학생	논문 제목	연구 방법
핵심 키워드 드론의 활성화	☐ P **세계의 민간 무인항공기시스템(UAS) 관련 규제 현황** 🔧 안진영 한국항공우주연구원, 항공우주산업기술동향 13(1), 2015.7, 51-67 (17 pages) 🛒 구매하기 | 🖥 QuickView | ☑ 초록보기	문헌 연구
	☐ P **드론의 철도산업 활용제안** 🔧 이경준, 문대섭 한국철도학회, 철도저널 18(4), 2015.8, 44-51 (8 pages) 🛒 구매하기 | 🖥 QuickView	문헌 연구
연구 방법 문헌 연구	☐ P **안드로이드 스마트폰을 사용한 드론제어에 관한 연구** 🔧 김종민, 김영섭, 김은, 이윤석 한국통신학회, 한국통신학회 학술대회논문집 , 2015.6, 615-617 (3 pages) 🛒 구매하기	문헌 연구 + 실험 연구
	☐ P **위치기반 무인 수상 드론의 설계 및 구현** 🔧 이기명, 김기수, 김보배, 임병수, 이상준 한국정보과학회, 한국정보과학회 학술발표논문집 , 2014.12, 1448-1449 (2 pages) 🛒 구매하기	문헌 연구 + 실험 연구

문헌 중심으로 연구가 진행되어서 그런지 '현황', '활용'이라는 단어들이 제목에 많이 사용되는 편입니다. 아울러 현재의 상황을 바탕으로 미래를 예측하는 논문 제목들이 많아 보입니다.

이에 A학생은 '드론의 활성화 방안'이라는 1차 논문 제목을 '드론의 활용 사례와 활성화 방안 제안'이라는 제목으로 더욱 구체화하였습니다. 어떤가요? 연구 주제와 연구 방법을 통해 자신의 소논문 제목을 정하는 과정도 그다지 어려울 게 없습니다. 여러분도 선행 연구를 토대로 자신의 소논문 제목을 더 정교하게 다듬어 보세요.

1 정보원 접속
2 키워드로 선행 연구 검색
3 연구 주제와 비슷한 선행 연구 정리
4 1차 논문 제목 초안 잡기
5 검색한 선행 연구의 연구 방법 정리
6 연구 방법 분석
7 논문 제목 최종 결정

위와 같이 정리하면 기억하기 편하겠죠?

이름을 잘 지어야지! **제목 완성하기**

▶ 나의 연구 주제와 연구 방법이 비슷한 선행 연구의 제목들을 찾아보고, 나의 논문 제목을 완성해 봅시다.

연구 주제	
연구 문제	
핵심 키워드	
연구 방법	☐ 문헌 연구 ☐ 실험 ☐ 설문 조사 ☐ 인터뷰
선행 연구에서 찾은 논문 제목	

나의 논문 제목 후보
1.
2.
3.
4.
5.

논문 제목 선정을 위한 체크리스트
☐ 제목을 통해 연구의 내용이 구체적이면서 명확하게 전달되고 있는가?
☐ 핵심 키워드를 포함하였는가?
☐ 속어나 꾸미는 말을 사용하지 않았는가?
☐ 제목이 너무 짧거나 너무 길지 않은가?
☐ 물음표로 마치고 있지는 않은가?

완성된 나의 논문 제목

Bonus tip

친구들이 완성한 소논문 제목 사례들

- 창의적 체험 활동 교육의 질 향상을 위한 집단 교육 프로그램 모형 개발
- 교복 학교 주관 구매의 만족도 조사 및 문제점에 관한 연구: ○○고등학교를 중심으로
- ○○고등학교 매점 운영의 문제점 분석과 해결 방안 모색
- 교내 학생 자치 법정의 실효성과 그 개선 방안
- 기사 읽기 습관이 학생들의 비판적 사고 능력에 미치는 영향의 차이
- 국제기구에 대한 청소년들의 인식과 국제기구 진출 활성화 방안 고찰
- 학교 홈페이지 활성화를 위한 방안 연구
- Walter Christaller의 중심지 이론과 학교 주변 환경의 연관성
- 학생들의 심리 상태 변동과 교내 매점의 초콜릿 판매량과의 상관관계
- 태양 전지 패널 소자의 구조적 특성 및 배치열의 알고리즘 연구
- 질병 사태가 국내·국외에 미치는 경제적 영향
- 수소 연료 전지 전극용 다공성 금속 폼 제작 연구
- 우리나라의 1인 가구 증가 실태에 대한 조사
- 인공 자궁 출산에 대한 윤리적 문제점과 사람들의 인식과 미래의 실현 가능성
- 고열량 인스턴트식품을 연료로 하는 로켓 개발
- 나무와 공생하는 균근균의 형태 및 DNA 염기 서열 분석 연구
- 한일 국교 정상화 수립의 방향성에 대한 고찰과 한일 관계가 동북아시아에 끼칠 영향력에 대한 연구
- 경영 행정을 응용한 교내 경영 동아리 L.O.V.E 사업 개선 방안
- 세계 3대 작물의 가격 변동이 우리나라에 미치는 영향
- 롤프 옌센의 드림 소사이어티 이론을 적용한 감성 마케팅 전략에 관한 연구: 브랜드별 실증적 사례를 중심으로 업종별 전략 제시
- 동아시아 근대법의 발전 탐구: 한·중·일 근대법의 비교를 중심으로
- 기업의 사회적 책임(CSR)에 대한 고등학생의 인식 변화와 그에 맞게 기업이 추구할 미래 사회 공헌 활동상 예측
- 여고생의 저작권 인식 실태와 개선 방안
- 아이들의 자아 형성에 주변 환경과 부모의 행동이 미치는 영향
- 청소년기 진로 결정이 성인기 대학 전공 및 직업 선택에 미치는 영향
- 후성 유전학을 이용한 질병 진단 및 치료 활성화 방안 탐구
- 해외 메르스 대응 사례 분석을 통한 국내 대응 방식 평가 및 개선 방안 제시
- 동북아 국가 간 외교 정책 비교를 통한 한국의 향후 협력 외교에 대한 연구: 정치, 경제를 중심으로
- 치과 치료에 대한 공포감 유발 요인과 해결 방안 연구: S고등학교를 중심으로

Action 3 연구의 필요성과 목적 작성하기

논문 제목을 정했다면, 이제는 계획을 세워야 합니다. 글을 쓰기 전 간략한 개요로 글의 틀을 잡는 것처럼 소논문을 작성하기 전에 우리는 '연구 계획서'라는 틀을 잡아야 합니다.

소논문의 뼈대인 연구 계획서 세우기의 첫 번째 단계는 '연구의 필요성 및 목적 작성하기'입니다. '연구의 필요성'은 연구의 의미와 연구할 내용 등을 밝히고 연구가 유용하다는 것을 설명하기 위해 작성합니다. '연구의 목적'은 우리가 앞으로 연구를 진행할 범위를 설정하여 연구의 일관성을 유지하기 위해 작성합니다. 따라서 연구 계획서상의 다른 내용들은 수정이 가능하지만 연구의 필요성과 목적은 바뀌지 않는 것이 좋습니다.

다음은 입학사정관제에 대해 연구한 A학생의 연구 필요성 및 목적입니다.

논문 제목	고등학생의 입학사정관제에 대한 인식 연구: ○○구 고등학교를 중심으로
연구의 필요성 및 목적	대학 진학에 많은 관심이 있는 고등학생으로서 입학사정관제도에 대한 호기심에 의해 위 주제를 선정하였다. 본 연구는 입학사정관제에 대해서 ○○구 학생들이 얼마나 자세히 알고 있는지 조사하고 입학사정관제에 대한 이해를 높이는 데 그 목적이 있다. 입학사정관제에 대한 찬반 논란은 여전히 있지만 찬반을 떠나 현재 ○○구 고등학생에게 실질적으로 필요한 입학사정관제의 활용 방안을 모색하여 입시에 실질적인 도움이 되는 본 연구를 실시하고자 한다.

A학생은 연구의 필요성 및 목적을 단 3문장으로 잘 표현하여 주었습니다.

연구 필요성과 목적의 기본 구조는 다음과 같습니다.

① 현 상황을 토대로
② 비판적이고 창의적인 아이디어로
③ 새로운 것을 개발하거나
④ 특정 상황에 대해 알아보고자 연구를 실시한다.

Action 4 연구 문제, 연구 방법, 예상 결과, 참고 문헌 정리하기

앞 단계에서 설정한 연구 주제, 연구 문제, 연구 방법을 연구 계획서에 잘 정리해 봅시다. A학생의 연구 계획서를 보면서 설명해 보겠습니다.

논문 제목	고등학생의 입학사정관제에 대한 인식 연구: ○○구 고등학교를 중심으로	
연구 문제	1. 입학사정관제에 대한 ○○구 고등학생들의 인식을 파악하기 위해 ○○구 고등학생들을 대상으로 하여 설문 조사, 자료 조사, 인터뷰를 통해 인식 현황을 조사 및 분석한다. 2. 이를 통해 문제점을 정리하고 입학사정관제 정착을 위한 개선 방안을 모색한다.	
연구 방법	• 연구 대상: ○○구의 인문계열 고등학교를 중심으로 조사를 실시한다. • 자료 수집: 국회도서관, 국립중앙도서관 방문 등을 통해서 인식 현황과 관련된 논문을 수집하여 정리 및 참고한다. • 설문 조사: 7월 17일부터 일주일간 ○○구 고등학생을 대상으로, 인식 현황에 대한 설문 조사를 실시할 예정이다. • 인터뷰: ○○고등학교에 재학 중인 학생들을 대상으로 현 입시 제도인 입학사정관제에 대하여 심화된 인터뷰를 실시한다.	
예상 결과 및 기대 효과	본 연구를 통해 ○○구 고등학생들의 입학사정관제에 대한 인식이 낮을 것이라는 결과가 예상된다. 설문지 및 인터뷰 등으로 조사를 하는 과정에서 각 학교별 인식 차이가 왜 발생하는지 원인을 밝힐 수 있을 것이다. 이를 통해 개선 방안을 찾아냄으로써 고등학생들의 인식 향상을 기대할 수 있고, 고등학생들이 필요로 하는 입학사정관제의 활용 방안을 모색하여 입시에 실질적인 도움을 제공할 수 있다. 결론적으로 학생들의 입학사정관제에 대한 궁금증 및 의문점을 충족시키는 데에 큰 역할을 할 것이라고 기대한다.	
참고 문헌	단행본	민성원(2010). **엄마는 전략가**. 서울: 예담Friend.
	학위 논문	최석우(2010). 전문대학 입학사정관제에 대한 고등학생, 학부모, 교사의 인식 연구. 석사 학위 논문. 연세대학교 교육대학원 교육행정 전공.
	학술지	박혜림(2009). 대학 입학사정관제도의 현황과 발전 방안. 교육 방법 연구, 21(1), pp.21-46.

A학생은 '고등학생의 입학사정관제에 대한 인식 연구'에 대해 소논문을 진행하려고 합니다. 연구 문제, 연구 방법, 예상 결과를 잘 정리해 놓았지요? 연구 계획서를 작성하면서 참고한 문헌들도 카테고리별로 잘 정리해 두었습니다.

내 연구는 이렇게! **연구 계획서 작성하기**

▶ 연구에 대해 자세한 설명을 덧붙여 본격적인 연구 계획서를 작성해 봅시다.

연구자	학년 반 번 성명:
논문 제목	
연구의 필요성 및 목적	
연구 문제	

연구 방법	
예상 결과 및 기대 효과	
참고 문헌	

Q 논문 제목이 너무 길어질 경우 어떻게 해야 할까요?

A 논문 제목은 논문 전체의 얼굴이기 때문에 논문의 내용과 성격을 간결하게 잘 전달해야 합니다. 또한 간결하면서도 핵심 키워드를 포함하여 구체적이고 명확하게 담아내야 합니다. 만약 논문 제목이 너무 길어질 경우 최대한 줄여 보도록 하고, 그래도 어렵다면 부제목을 별도로 달아 줍니다.

Q 연구 계획서는 꼭 작성해야 하나요? 생략하면 안 되는 필수 과정인가요?

A 말 그대로 연구 계획서는 여러분이 하고자 하는 연구의 주제와 방향을 개괄적으로 작성하는 소논문의 틀입니다. 연구 계획서를 통해 어떻게 연구를 진행할 것이며, 과연 연구할 만한 가치가 있는지, 진행 방법은 적절한지 피드백을 받을 수 있습니다. 꼭 필수 과정은 아니지만 연구 계획서를 작성해 두면 피드백 과정에서 논문의 방향을 바로잡는 데 상당한 도움이 됩니다.

Q 연구 계획서의 내용대로 연구를 진행하지 못하게 될 경우 어떻게 해야 하나요?

A 연구 계획서는 말 그대로 계획서입니다. 불확실성을 가질 수밖에 없죠. 여러분이 실제로 연구를 진행하면서 예상치 못한 다른 변수가 생길 수도 있습니다. 물론 이런 변수들도 잘 통제하고 조정하여 계획서 내용과 크게 어긋나지 않도록 하는 것이 가장 좋습니다. 그러나 계획서는 어디까지나 계획서일 뿐입니다. 변경해도 괜찮으니 너무 부담 갖지는 마세요.

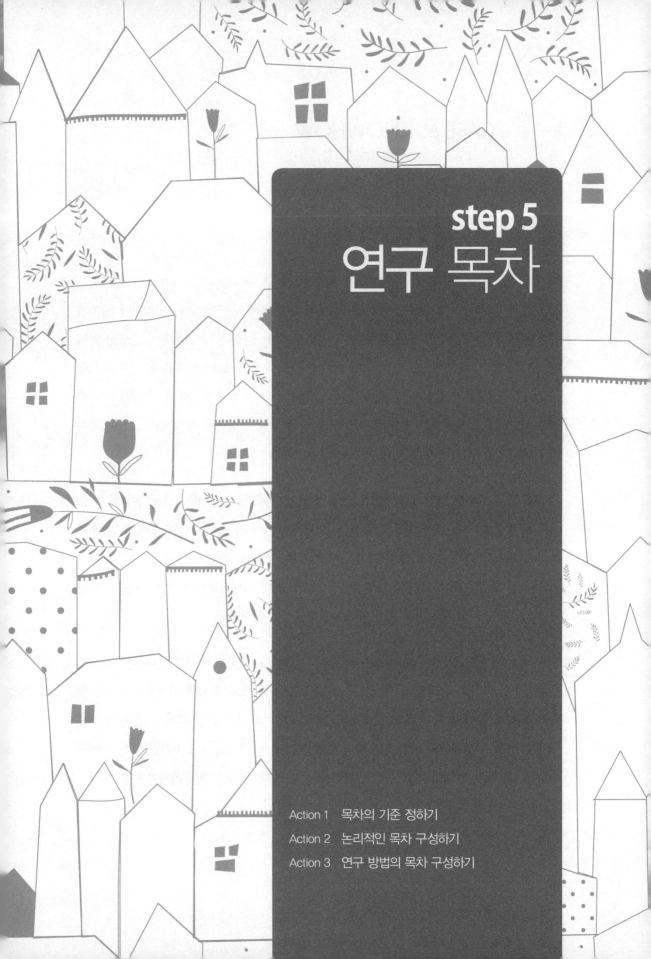

step 5
연구 목차

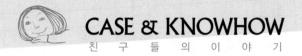

소논문의 설계도, 목차를 작성하는 것도 중요해.

☺ 기초가 탄탄해야 그 위에 무언가를 더 쌓아 올려도 무너지지 않을 수 있기에 제목과 목차를 정하는 데 고민도 정말 많이 했고 시간도 많이 들였다. 내 머릿속에 분명히 어떠한 생각이 들어 있음에도 그걸 어떻게 표현해야 할지 몰랐고, 애써 정리를 해도 매끄럽지 않았다. 선생님과 상담을 할 때마다 매번 고쳐야 할 것이 수두룩하게 나왔다. 수정의 연속이었지만 그 지난한 작업을 끝내고 무엇을 해야 할지 정확히 정해지면서 논문 목차를 탄탄하게 구성할 수 있었다.

☺ 목차를 구성하는 과정에서 처음에 어떻게 해야 할지, 무슨 용어를 사용해야 할지, 순서를 어떻게 잡아야 할지 매우 막막했다. 그때 선생님이 목차 작업만 확실하게 해 두면 쓰기 단계에서 편해진다고 조언을 해 주어서 목차 작업에 심혈을 기울였다. 그렇게 몇 번의 수정 과정을 거쳐 목차를 완성할 수 있었다. 여러 시행착오를 겪고 나서 목차가 완성되었을 때는 정말 뿌듯하고 다음 진도를 나가는 것이 기대됐다.

☺ 주제를 간신히 잡고 나니 목차가 발목을 잡았다. 목차라는 개념이 나에게는 굉장히 추상적으로 다가와서 막막하기만 했다. 이전에 소논문 쓰기 수업에 참여했던 선배들의 논문 목차를 찾아서 어떤 식으로 썼는지 살펴보고 기본적인 틀을 따라서 잡아 보기도 했다. 목차를 구성하면서 처음에는 전혀 엉뚱한 내용을 상상하고 끄적거렸는데 내 연구 주제에 집중해서 얼개를 짜고 수정을 하니 논문의 토대가 되는 멋진 목차가 나왔다.

목차를 작성할 때도 선행 연구가 큰 도움이 돼.

☺ 주제를 선정하고 다듬는 작업이 이루어지고 끝이 보일 즈음에 '목차 정하기'에서 다시 한 번 막막함을 느꼈다. 목차를 정하기 위해 당시 나는 국회도서관과 DBpia 사이트의 수많은 논문들을 눈에 보이는 대로 읽었던 것이 기억난다. 특정 주제에 대해 그렇게 많은 글을 본 것도, 그렇게 많은 책들이 눈앞에 펼쳐진 것도 나에게는 크고 새로운 경험이었던 것 같다. 또한 말끔히 정리되어 있는 여러 논문과 글들을 읽으며 나도 꼭 논문을 완성하고 싶다고 생각했다.

☺ 논문을 쓰기 전에는 생각도 못했던 것이지만, 목차를 구성하는 과정과 참고 문헌들을 꼼꼼히 읽고 온전히 내 것으로 만드는 과정도 나에게는 본문을 쓰는 것만큼 힘들고 오랜 시간이 걸렸다. '시작이 반이다.'라는 말이 괜히 있는 게 아니다.

본격적인 소논문 작성에 들어가기 전에 가장 중요한 목차를 작성하려고 합니다. 목차를 작성하려면 먼저 논문의 형식을 알아야 합니다. 소논문은 일반적으로 서론, 본론, 결론의 형식을 갖습니다. 그리고 연구 방법이나 목적, 연구의 접근 방식에 따라 본론 부분의 하위 내용을 구성할 수 있습니다.

I. 서론

II. 본론

  1. 이론적 배경

  2. 연구 방법

1) 연구 대상 2) 설문 도구 3) 실험 방법 및 절차 4) 연구 기간	1) 조사 대상 및 선정 방법 2) 설문 방법 3) 자료 처리 방법 4) 연구 기간
1) 연구 대상 2) 측정 도구 3) 연구 절차 4) 자료 분석 방법	1) 연구 절차 2) 연구 대상 선정 방법 3) 분석 자료의 내용 4) 분석 방법
1) 연구 절차의 개요 2) 설문 도구의 특성 3) 연구 진행 절차 4) 연구 대상 5) 분석 방법	1) 연구 대상 2) 연구 설계 3) 연구 절차 4) 프로그램(목적, 진행 내용) 5) 측정 도구 6) 자료의 분석 방법

  3. 연구 결과 분석

III. 결론

I. 서론

II. 본론

인과적 구성	연역적·귀납적으로 논지 전개
시간적·공간적 구성	시간의 흐름이나 공간의 질서에 따라 구성
병렬적 구성	대상들을 대등하게 나열한 구성
확산적·점층적 구성	작은 명제 → 큰 명제 또는 큰 명제 → 작은 명제로 구성

III. 결론

연구 목차 작성의 목적은 전체의 연구 내용을 효과적이고 효율적이며 매력적으로 제시하기 위해서입니다. 이를 위해서는 먼저 목차 작성의 기준을 찾아야 합니다. 목차의 기준점은 핵심 키워드 중에 하나일 가능성이 큽니다. 물론 이 목차의 기준은 여러 개일 수도 있습니다. 그리고 핵심 키워드의 속성일 수도 있습니다. 이 기준을 중심으로 목차를 작성할 때 다음 3가지 기본 원칙을 알아야 합니다.

목차의 통일성	관련이 없는 것이 논문 내용에 포함되지 않도록 할 것
목차의 균형성	논문의 한 부분이 전체적으로 다른 부분과 범위, 위계 등의 균형을 이룰 것
목차의 논리성	목차끼리 어떤 상관관계가 있는지 검토할 것

무엇이 기준인지, 본론을 어떻게 구성해야 할지 망설여진다면 선행 연구를 찾아 비교해 보세요. 선행 연구자들은 어떻게 목차를 구성하고 있는지, 나의 연구에서는 어떻게 목차를 구성하면 좋을지 생각해 봅시다.

단계별 CHECKLIST

☐ 연구 문제와 관련 없는 것이 목차에 포함되지는 않았는가?
☐ 목차의 한 부분이 전체적으로 다른 부분과 범위, 위계 등의 균형을 이루고 있는가?
☐ 목차끼리 어떤 상관관계가 있는가?
☐ 목차에 연구 내용과 전개가 명확하고 체계적으로 나타나 있는가?
☐ 선행 연구 분석을 성실하고 풍부하게 하였는가?

Action 1 목차의 기준 정하기

논문이 논증적인 글쓰기라면 목차 역시 논리적으로 구성되어야 합니다. 논리적인 목차 구성을 위해서는 기준이 필요합니다. 논리적으로 목차를 구성한다는 것은 목차에도 논리, 즉 규칙을 부여하는 것입니다. 여기에서 규칙이 바로 목차의 기준입니다.

수정 전 수집한 자료	목차 기준 정하기	수정 후 기준에 따른 자료 분류
설악산의 오염 실태 지리산의 오염 실태 계룡산의 오염 실태 한강의 오염 실태 낙동강의 오염 실태 섬진강의 오염 실태 서울의 오염 실태 광주의 오염 실태 부산의 오염 실태	오염 실태 → 자연 → 산: 1. 설악산의 오염 실태 2. 지리산의 오염 실태 3. 계룡산의 오염 실태 / 강: 1. 한강의 오염 실태 2. 낙동강의 오염 실태 3. 섬진강의 오염 실태 / 도시: 1. 서울의 오염 실태 2. 광주의 오염 실태 3. 부산의 오염 실태	1. 산의 오염 실태 　가. 설악산의 오염 실태 　나. 지리산의 오염 실태 　다. 계룡산의 오염 실태 2. 강의 오염 실태 　가. 한강의 오염 실태 　나. 낙동강의 오염 실태 　다. 섬진강의 오염 실태 3. 도시의 오염 실태 　가. 서울의 오염 실태 　나. 광주의 오염 실태 　다. 부산의 오염 실태

위의 사례와 같이 연구를 통해 '오염 실태'에 관해 수집한 자료를 '자연', '도시', '산', '강'이라는 기준으로 분류하여 목차를 논리적으로 구성할 수 있습니다. 이 기준을 새롭게 다시 찾을 필요는 없습니다. 수집한 자료를 모두 꺼내 놓고 마인드맵을 통해 범주화하듯이 분류할 수 있는 기준을 찾으면 됩니다. 목차의 기준을 정하는 방법도 선행 연구를 찾아보면 도움을 얻을 수 있습니다.

착착착! 기준에 따라 자료 분류하기

▶ 먼저 수집한 자료를 모두 정리해 보고 어떤 기준으로 분류하면 좋을지 범주화합시다.

논문 제목	
연구 문제	
문헌 연구로 수집한 자료	
수집한 자료 □ 실험 □ 설문 조사 □ 인터뷰	

기준에 따른 자료 분류	

 Bonus tip

AI로 목차 만들기

DBpia AI 'idea'를 활용하여 작성하려는 과제의 주제를 입력하면 목차의 사례를 제안해 줍니다. 제시된 목차가 나의 과제를 잘 설명하고 있는지 검토하고 수정하며 목차를 완성해 보세요.

Action 2 논리적인 목차 구성하기

기준에 따라 자료를 범주화하였다면, 이제 목차의 순서를 정하는 논리적인 방법을 소개하겠습니다. 나의 연구에서는 어떤 유형의 목차 구성이 좋을지 알아봅시다.

목차 구성 유형		사례

인과적 구성	연역적	I. 서론(청소년 아르바이트에 대한 문제 제기)
		II. 본론
		  1. 청소년 아르바이트 실태
		  2. 청소년 아르바이트의 문제점
		  3. 청소년 아르바이트 개선 방안
		III. 결론

	귀납적	I. 서론
		II. 본론
		  1. 청소년 아르바이트 특징 분석
		  2. 해외의 청소년 아르바이트 특징 비교
		  3. 청소년 아르바이트의 부정적인 측면
		  4. 청소년 아르바이트의 긍정적인 측면
		III. 결론(청소년 아르바이트의 문제점 개선의 시급함 비판)

시간적 구성	시간의 흐름에 따라	I. 서론(언어와 언어 사용자의 사회적 지위)
		II. 본론
		  1. 고려 시대의 언어와 여성의 사회적 지위
		  2. 조선 시대의 언어와 여성의 사회적 지위
		  3. 현대의 언어와 여성의 사회적 지위
		III. 결론

공간적 구성	공간의 질서에 따라	I. 서론(조사 경위)
		II. 본론
		  1. 주변 환경 및 전체 구조
		  2. 제1지점의 집터 유형과 분포
		  3. 제2지점의 집터 유형과 분포
		III. 결론(종족의 이동 및 생활 방식의 섞임)

병렬적 구성	대상들을 대등하게 나열	I. 서론(오염에 대한 문제 제기)
		II. 본론
		  1. 한강의 오염 실태
		  2. 낙동강의 오염 실태
		  3. 금강의 오염 실태
		III. 결론(오염 실태 종합 및 대책의 필요성 제기)

확산적 구성	작은 명제
	↓
	큰 명제
		I. 서론(인간 존재의 의의)
		II. 본론
		  1. 인간의 유전자적 특성
		  2. 이성적 존재로서의 인간
		  3. 사회적 존재로서의 인간
		III. 결론(인간 삶의 특징)

점층적 구성	큰 명제
	↓
	작은 명제
		I. 서론(인간 존재의 의의)
		II. 본론
		  1. 인간의 생물체적 특성
		  2. 동물적 존재로서의 인간
		  3. 돌연변이로서의 인간
		III. 결론(인간과 자연의 조화)

step 5 연구 목차

Action 3 연구 방법의 목차 구성하기

연구 방법의 목차 요소는 다음과 같습니다.

연구 대상	누구(무엇)를, 얼마나, 언제, 어디에서, 어떻게 선정할 것인가를 고려해야 한다.
연구 설계	실험 변인의 통제나 연구 디자인에 대한 설명이 명확해야 한다.
측정 도구	실험, 조사 또는 평가에 사용되는 도구의 신뢰도, 타당도, 객관성이 인정되어야 하며, 논문의 성격에 따라 도구의 사용 방법 등이 서술되어야 한다.
연구 절차	연구를 진행하면서 분리되는 각 단계를 요약하여 제시하고 진행 과정에 대해 구체적인 방법 등을 서술해야 한다.
자료 분석 방법	자료 처리 방법, 검증 방법, 통계 처리 소프트웨어 등이 정확히 기술되어야 한다.

이 목차 요소로 구성할 수 있는 연구 방법은 다양합니다. 문헌 연구에서는 연구 방법을 서론 말미에 두어 연구 절차 정도만 가볍게 제시하거나 생략하기도 합니다. 나의 연구 방법을 효과적으로 설명하기 위해 어떻게 기술할지 망설여진다면 선행 연구를 찾아보며 어떻게 소개할 것인지 고민해 봅시다.

연구 방법	**연구 방법**	**연구 방법**
1) 연구 대상	1) 측정 항목 대상 및 선정 방법	1) 연구 절차
2) 설문 도구	2) 설문 방법	2) 연구 대상 선정 방법
3) 실험 방법 및 절차	3) 자료 처리 방법	3) 분석 자료의 내용
4) 연구 기간	4) 연구 기간	4) 분석 방법
연구 방법	**연구 방법**	**연구 방법**
1) 연구 대상	1) 연구 절차의 개요	1) 연구 대상
2) 측정 도구	2) 설문 도구의 특성	2) 연구 설계
3) 연구 절차	3) 연구 진행 절차	3) 연구 절차
4) 자료 분석 방법	4) 연구 대상	4) 프로그램(목적, 진행 내용)
	5) 분석 방법	5) 측정 도구
		6) 자료의 분석 방법

나는 이렇게 할 것이다! **연구 방법의 목차 작성하기**

▶ 선행 연구의 연구 방법을 찾아보며 나의 연구 방법 목차를 만들어 봅시다.

선행 연구의 연구 방법 목차 조사
연구 방법 1)

나의 연구 방법 목차 만들기
연구 방법 1)

논문의 뼈대! **목차 완성하기**

▶ 지금까지의 활동을 종합하여 목차를 완성해 봅시다.

논문 제목	
연구 문제	
I. 서론 □ 연구의 필요성 및 　목적 □ 연구 문제 □ 연구의 제한점	
II. 본론 □ 인과적 구성 　• 연역적 구성 　• 귀납적 구성 □ 시간적 구성 □ 공간적 구성 □ 병렬적 구성 □ 확산적 구성 □ 점층적 구성 □ 용어 정리 □ 이론적 배경 □ 연구 방법 　• 연구 대상 　• 연구 기간 　• 연구 설계 　• 측정 도구 　• 연구 절차 　• 자료 분석 방법 □ 연구 결과 분석	
III. 결론	

Q 목차를 어떻게 구성해야 할지 처음부터 막막합니다. 어떻게 시작하면 될까요?

A 모든 논문은 연구 주제에 대한 선행 연구를 검토하면서 시작합니다. 선행 연구를 검토해 보면 목차를 구성하는 데 참고할 만한 다양한 아이디어를 발견할 수 있습니다. 또한 내용의 중복을 피할 수 있고, 여러분의 연구 주제에 대한 다양한 논증적 자료도 찾을 수 있습니다. 선행 연구의 목차와 초록을 참고하면서 따라 써 보면 목차의 구성을 잡는 데 큰 도움이 됩니다.

Q 목차를 잘 만들고 싶어요. 유의해야 할 점은 무엇인가요?

A 목차는 논문 전체의 흐름을 파악하기 위해 필요합니다. 목차를 만들 때 유의해야 할 점은, 먼저 논문의 전체 내용과 구성을 체계적으로 잘 표현해야 한다는 것입니다. 즉, 목차끼리의 상관관계, 위계 등에서 균형을 잘 이루어야 합니다. 또한 목차 수준의 경우 너무 자세한 것보다 장과 절 정도로 제시하는 것이 좋습니다. 각 목차에는 페이지 번호를 정확히 기재하는 것도 잊지 말아야 합니다.

Q 목차를 연구 과정 중에 수시로 고쳐도 되나요?

A 물론입니다. 목차뿐만 아니라 연구 문제, 논문 제목, 연구 방법도 연구를 진행하며 언제든지 수정할 수 있습니다. 하지만 이렇게 수정하는 과정에 많은 시간과 노력, 비용이 발생할 수 있습니다. 이러한 시행착오를 줄이기 위해서는 선행 연구를 충분히 읽고 분석하는 것이 필요합니다. 선행 연구자들도 목차를 만들 때 수많은 시행착오를 겪었을 테니까요. 그 과정을 거쳐 완성된 선행 연구의 목차들을 참고하면 여러분의 실수를 줄이는 데 도움이 됩니다.

step 6
서론

Action 1　연구의 필요성 및 목적, 연구 문제,
　　　　　연구의 방향과 방법 쓰기

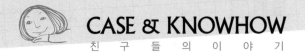

소논문의 문 열기! 서론을 매력적으로 써야 해.

☺ 논문의 서론을 어떻게 작성해야 할지 막막했는데, 선배들이 예전에 작업한 소논문 서론 부분을 보며 연구의 필요성과 목적, 연구 방법 등이 잘 담겨야 한다는 것을 알았다. 논문 목차를 토대로 연구의 목적과 필요성을 설득력 있게 쓰고 싶었지만 첫 문장부터 작성이 쉽지 않았다. 독자들로 하여금 이 논문을 읽게 만들려면 서론 단계에서 이 연구의 필요성을 매력적으로 나타내야 했기에 이 부분에 많은 노력을 기울였던 것 같다.

☺ 서론은 연구 배경 및 필요성, 선행 연구, 연구 방법으로 구성되어 있다. 서론을 쓸 때에는 앞으로 소논문을 어떤 방향으로 이끌어 나갈 것인지 소개해야 한다. 그래서 연구를 계획하면서 수집한 선행 연구를 분석하여 나만의 연구에 초점을 맞추는 작업을 해야 한다. 자신이 연구하고자 하는 것의 '연구 필요성'을 정리하고 '연구 대상의 문제점'을 서론에서 제시해야 한다. 이를 바탕으로 본론과 결론에 쓸 내용들에 당위성을 부여하는 것이다. 또한 서론에서 선행 연구를 모두 정리하는 것도 관건이다. 선행 연구 자료를 꾸준히 정리해 USB에 저장해 둔 것이 도움이 되었다.

서론에서는 연구의 필요성과 방향을 밝혀야 해.

☺ 서론에는 연구의 필요성을 중점적으로 서술했다. 소논문 작성을 시작할 당시에는 메르스 감염 환자가 아직 남아 있고, 국내 포털 사이트에 메르스 현황 통계가 매일 게시되어 있을 정도로 화제였다. 그 과정에서 나온 수많은 보도 자료들을 통해 메르스가 우

리 사회에 미친 영향들을 제시하고 사태의 심각성을 강조했다. 반면에 미국, 독일과 같은 선진국에서는 우리와 달리 첫 감염자 발생 이후에 전염이 이루어지지 않았다는 사실도 큰 화제였다. 따라서 해외 메르스 대응 방식을 분석하면 우리나라가 배울 점이 많이 있을 것이라는 결론을 내리고, 개선 방안을 제시할 때 해외 메르스 대응 방식을 참고하기로 했다.

☺ 서론에는 내가 이 연구 주제를 선정하게 된 이유와 앞으로의 연구 진행 방향에 대해 서술했다. 1학년 때와 2학년 때 쓴 소논문의 핵심 키워드인 '전자 정부'와 '협력 외교' 모두 지금 활발하게 추진되고 있는 정책들이라서 현재 논의되고 있는 내용과 그 흐름을 제시하는 것이 연구 진행에 도움이 될 것이라고 생각했다. 그래서 각종 매체를 통해 수집한 최근의 기사, 통계 등을 정리하여 서론에 포함시켰다. 이러한 활동을 통해 연구 진행의 목표를 명확히 할 수 있었다.

논문은 연구의 타당성을 입증하기 위해서 철저히 독자의 입장에서 이해하기 쉽게 써야 합니다. 그러므로 논문의 글쓰기를 이렇게 말할 수 있습니다.

| 논증적 글쓰기 | 논리적 글쓰기 | 설득적 글쓰기 | 문제 해결적 글쓰기 | 비판적 글쓰기 |

그렇다면 서론에서 독자는 무엇을 찾아내려고 할까요?

서론의 3요소

- 연구 문제와 관련된 배경의 설명(연구의 필요성 및 목적)
- 이 연구에서 제기된 연구 문제(연구 문제 제기)
- 연구 문제의 해결에 대한 약속(연구 문제의 해결 방향)

결국 서론의 3요소는 연구의 필요성 및 목적, 연구 문제 제기, 연구 문제의 해결 방향입니다.

먼저 연구자는 서론에서 연구 문제와 관련된 사회의 넓은 배경, 곧 일반적인 현상에 대한 설명을 시작으로 본인이 연구하려는 구체적인 연구 주제가 왜 필요하고 어떤 목적에 의해 쓰였는지 설명함으로써 자연스럽게 문제를 인식할 수 있도록 합니다. 때로는 격언을 인용하거나 크게 화제가 되었던 기사 내용, 연구의 필요성과 목적을 강조할 수 있는 선행 연구를 인용하면 효과적입니다.

이렇게 연구의 필요성과 목적을 밝힘으로써 학문적 요구뿐만 아니라 개선과 현장 적용의 필요성을 시사하여 독자의 공감을 불러내고 이후에는 해당 분야의 기존 연구와는 차별화된 자신만의 연구 문제를 제기하도록 합니다.

서론에서는 연구의 결론을 미리 드러내지 않고 연구의 방향만 제시하며, 연구 문제를 해결했을 때의 기대 효과와 함께 말미에는 꼭 해결하겠다는 약속으로 독자로 하여금 연구에 몰입하게 합니다.

한편 서론에서는 연구 문제의 범위를 제한함으로써 연구자가 제시하는 논지의 타당성을 높일 수도 있습니다.

⊘ 단계별 *CHECKLIST*

☐ 연구의 필요성 및 목적이 명확히 진술되어 있는가?
☐ 연구 문제와 선행 연구 간의 관계가 명료하게 진술되어 있는가?
☐ 연구 문제가 분명하게 진술되어 있는가?
☐ 연구의 제한점이 분명하게 진술되어 있는가?

Action 1 연구의 필요성 및 목적, 연구 문제, 연구의 방향과 방법 쓰기

이제 본격적으로 논문 쓰기를 시작해야겠죠? 가장 먼저 시작하는 것이 바로 서론 쓰기입니다. 서론은 글의 첫 시작 단계인 만큼 이 논문을 왜 쓰는지를 밝혀 주어야 합니다. 서론에는 기본적으로 연구의 필요성 및 목적, 연구 문제 제기, 연구의 방향과 방법을 씁니다. 먼저 첫 번째로 연구의 필요성과 목적을 어떻게 써야 할지 서론 작성 예시를 통해 살펴보겠습니다.

○○여고 2학년에 재학 중인 A학생은 동북아 국가(한국, 중국, 일본) 간 외교 정책을 비교 분석하고, 이를 토대로 한국의 협력 외교 방향에 대해 정치·경제 분야를 중심으로 연구하고 있습니다. 다음은 A학생이 작성한 연구의 필요성 및 목적입니다.

논문 제목	동북아 국가 간 외교 정책 비교를 통한 향후 한국의 협력 외교 방향에 대한 연구: 정치·경제를 중심으로	
연구의 필요성 및 목적	한국과 중국 사이의 교류는 무역 규모 증가와 같은 경제 교류뿐만 아니라 중국 내에서 발생하고 있는 한류 열풍의 영향으로 문화적 교류도 큰 증가세를 보이고 있다. 엔터테인먼트 산업의 발달로 한국의 드라마, 영화, 음악 등이 중국 시장에서 큰 인기를 얻고 있는 것이다. 이러한 다방면에 걸친 교류는 2014년 11월에 타결된 '한중 자유무역 협정(FTA)'으로 더욱 가속화될 전망이다.	①
	한국의 엔터테인먼트 주요 수출국이었던 일본과는 독도 영유권 문제 및 역사 왜곡에 대한 논란으로 최근 몇 년간 외교 정책에 있어 난항을 겪으면서 일본인 관광객 수 및 무역 규모가 감소하고 있다는 소식을 자주 접한다. 이렇듯 중국과 일본을 비롯한 동북아 국가 간의 외교는 한 국가 내 무역을 비롯한 경제 방면에 많은 영향을 미치고 있다.	②
	이에 따라 한국, 중국, 일본의 동북아 국가 간 협력 외교는 상호 교류 및 영향력 증대라는 국제적 흐름을 정확하게 파악하여 이에 능동적이고 주체적인 외교 방향을 설정하기 위해 필수 불가결한 요소가 되고 있다.	③
	본 연구는 한국, 중국, 일본 간의 협력 외교를 통해 동북아시아 국가 간 상호 협력적 분위기를 조성하여 정치, 경제, 사회, 문화 등 다방면의 발전을 도모하고, 궁극적으로 동북아시아의 평화적 교류를 위한 방향을 설정할 수 있도록 기여하는 데 목적이 있다.	④

A학생은 ①과 ②를 통해 한국이 중국 및 일본과 어떤 협력 외교를 보여 주고 있는지 연구의 배경이 되는 내용을 소개하고 있습니다. 현재의 외교 현황을 토대로 ③에서 연구의 필요성을 한 문장으로 강력하게 제시하고 있지요.

A학생은 작성 예시에서 볼 수 있듯이 ①, ②, ③을 통해 일반적인 배경 설명을 시작으로 구체적인 연구의 필요성을 진술하고 있습니다. ①과 ②가 있기에 ③의 필요성이 더 설득력을 높일 수 있었습니다. 연구의 필요성을 제시한 후 ④에서는 이 연구가 무엇에 관한 것이고, 왜 이 연구를 제안하고 있는지 연구의 목적을 제안하고 있습니다. 이처럼 연구의 목적은 간결하고 명확하게 작성하는 것이 중요합니다.

그다음으로 서론에 담길 핵심 내용은 바로 연구 문제를 제기하는 것입니다. 여기에서는 앞서 연구의 필요성 및 목적을 토대로 어떠한 문제들에 대해 연구할 것인지 진술하면 됩니다. 다음은 A학생이 서론에서 제기한 연구 문제입니다.

논문 제목	동북아 국가 간 외교 정책 비교를 통한 향후 한국의 협력 외교 방향에 대한 연구: 정치·경제를 중심으로
연구 문제	한국, 중국, 일본의 동북아시아 3국의 국가별 외교 정책과 동북아 협력 외교, 그리고 해외 국가들의 협력 외교 사례는 현재 대두되고 있는 이슈들을 중심으로 정치와 경제 분야를 조사하여 한국이 나아가야 할 협력 외교 정책의 방향을 제시해 보고자 한다.

연구 문제를 제기할 때 가장 중요한 것은 연구의 필요성 및 목적을 토대로 도출되어야 한다는 겁니다. 만약 앞에서 언급하지 않은 문제들을 뜬금없이 제기하면 연구의 방향성이 흐트러지겠죠. 또한 연구 문제를 너무 장황하게 설명하거나 허술하게 적지 않도록 잘 조절해야 합니다. A학생이 작성한 것처럼 간결하게 표현하되 핵심 내용을 담는 것이 좋습니다.

마지막으로 서론에 담아야 할 핵심 내용은 바로 연구의 방향과 방법입니다. 문제를 해결하기 위해 어떤 방법으로 하겠다는 것을 서론에서 반드시 언급해야 합니다. 특히 연구 대상과 연구 방법의 경우 명확하게 기술하여 오류가 없도록 해야 합니다. 다음은 A학생이 서론 부분에 작성한 연구의 방향과 방법입니다.

step 6 서론

논문 제목	동북아 국가 간 외교 정책 비교를 통한 향후 한국의 협력 외교 방향에 대한 연구: 정치·경제를 중심으로	
연구의 방향과 방법	첫째, 동북아 국가 간 지속적인 교류 증진을 보여 주는 통계 자료를 활용하여 한·중·일의 상호 의존성 증대에 따른 협력 외교의 필요성을 제시할 것이다. 이때, 각국의 교류 상황 국가별 수출입 통계를 보여 주며, 경제적 교류가 증가했음을 나타낼 것이다.	①
	둘째, 한·중·일 각국의 외교 정책 및 동향에 대한 선행 연구를 조사하여 각국이 현재 대면하고 있는 동북아 국가 간의 관계와 상황에 어떤 외교적 행동을 취하고 있는지 파악할 예정이다. 선행 연구는 주제에 적합한 심도 깊은 내용을 다루고 있는 반면, 새롭게 대두되는 화제를 반영하는 속도가 느리기 때문에 신속하게 최근 정보를 제공하는 신문 또는 인터넷 자료 검색을 통해 현재 진행 중인 동북아 국가 간 교류와 협력 사례를 조사할 것이다.	②
	셋째, 북미 자유무역 협정(NAFTA), 유럽 연합(EU)과 같은 동북아를 제외한 해외 국가 간의 협력 외교 사례에 대한 선행 연구를 참고하여 향후 동북아 협력 방안에 대한 연구를 진행할 계획이다.	③

A학생이 작성한 내용을 예시로 살펴보면 ①에서는 통계 자료, ②에서는 선행 연구 및 신문, 인터넷 기사, ③에서는 동북아를 제외한 국가 간의 외교 사례 선행 연구를 토대로 연구를 진행할 것이라는 계획을 밝히고 있습니다.

문헌 연구를 기본적인 연구 방법으로 선정하여 통계 및 최신 정보, 선행 연구 조사를 통한 사례 분석 등을 시도하는 등 연구 대상에 따라 다양한 방법을 도입하여 진행하리라는 것을 파악할 수 있습니다.

지금까지 살펴본 것처럼 서론에서는 연구의 필요성 및 목적, 연구 문제, 연구 방향과 방법을 한 페이지 이내로 담아내야 합니다. 자, 이제 여러분도 다음 워크북 양식에 맞추어 서론을 작성해 보십시오.

논문 쓰기의 시작! **서론 작성하기**

▶ 소논문의 서론을 다음 조건에 맞추어 작성해 봅시다.

논문 제목	
연구의 필요성 및 목적	
연구 문제	

연구의
방향과
방법

Q 서론의 첫 부분은 어떻게 시작하는 것이 좋을까요?

A 서론은 한 편의 논문에 있어서 가장 중요한 부분 중 하나입니다. 그런 만큼 서두 부분에는 독자들의 시선을 잡을 만한 내용을 쓰면 좋습니다. 일반적으로 연구 문제에 대한 배경이나 관심사에 대한 내용으로 시작하는 경우가 많습니다. 주요 이슈가 되었던 신문 기사나 격언 등을 인용하며 시작하기도 합니다.

Q 연구의 목적과 필요성, 방법을 어떻게 제시해야 하나요?

A 연구의 목적과 필요성은 독창적이며 구체적으로 제시되어야 하며, 참신하고 실현 가능한 목표를 설정하여 써야 합니다. 연구의 방법은 서론에서 반드시 언급해야 하는 것 중 하나입니다. 독자들이 연구의 순서를 이해하는 데 도움이 되기 때문이죠. 여기에는 연구 대상, 연구 모형, 조사 도구, 분석 방법 등을 작성합니다. 특히 연구 대상이나 방법 등은 구체적으로 써야 합니다.

Q 서론에서 용어 정의도 필요한가요?

A 필요에 따라 서론에서 용어 정의를 하기도 합니다. 연구자는 독자들의 이해를 돕기 위해 연구에서 사용하는 용어, 독특하게 사용되는 용어, 전문적인 용어들에 대해 정의를 내려주는 것이 좋습니다. 언급한 용어가 연구에서 정확히 어떤 의미로 사용되는지 분명히 정의하고 시작하면, 전체 논문에 대한 오해와 확대 해석을 막을 수 있습니다.

step 7
본론

다양한 연구 방법 도입으로 전문가의 스멜이 느껴지는걸.

☺ 자료 탐색까지 마치고 나니 그다음부터는 정말 빠르게 글을 쓸 수 있었다. 중간에 연구 방법을 선정하는 것과 사례 분석 작업 때문에 어려움도 있었지만, 실질적으로 글을 써 나가는 기간 동안 배운 점도 많았고, 한 장 한 장 분량이 채워질 때마다 뿌듯함을 느끼며 즐겁게 작업에 열중할 수 있었다.

☺ 어려웠던 부분은 설문 조사 문항 뽑기였다. 설문 문항은 나름 체계성을 갖춰서 논리적으로 정해야 했다. 내가 원하는 답을 끌어내기 위한 문항을 만드는 것은 생각보다 힘들었다. 가장 어려웠던 점은 연구 결과 분석이었다. 더 나은, 아쉽지 않은 논문을 만들기 위해서 연구 결과 분석에 많은 시간을 쏟아부었다. 많은 수정과 고민 끝에 연구 결과 분석을 끝내고 논문이 통과되었을 때는 정말 기뻤다.

본격적인 쓰기 단계! 목차 뼈대에 내용 살을 붙이는 거야.

☺ 어느 정도 완성된 목차와 수집한 자료를 바탕으로 본론을 작성하기 시작했다. 하지만 무턱대고 쓰기보다는 작성하기 전에 자료를 충분히 숙지하는 게 필요했다. 빨리 쓰는 것보다 내가 알고 쓰는 것이 더 중요하다고 생각했기 때문이다. 이 방법은 제대로 통했다. 머릿속에 자료에 대한 정보가 마인드맵처럼 정리되면서 논문의 적재적소에 바로바로 적용할 수 있었다.

☺ 도서관과 인터넷, 책에서 정보를 수집하는 과정에서, 그동안 내가 표면적으로 알고

있던 주제 분야에 대한 지식은 말 그대로 표면적일 뿐이었다는 것을 여실히 느꼈다. 이렇게 한 가지 주제에 대해 깊이 파고든 경험은 처음이다. 정보의 방대함과 내 자신의 무지함, '앎'의 필요성을 모두 느껴 가며 정보를 잘 정리해서 논문에 담다 보니, 모르는 사이에 논문이 차근차근 완성되어 가는 게 느껴졌다. 논문을 작성하는 일이 내 자신에게도 긍정적인 영향을 준 것 같다. 자료를 조사하면서 세상을 바라보는 더욱 객관적인 눈을 가질 수 있었고, 어렵고 힘들다고 여겼던 과정을 하나하나 겪으며 나도 할 수 있다는 자신감이 생겼다.

☺ 나는 본론을 쓰는 것이 전체 연구 과정 중 가장 재미있었다. 소논문에서 많은 분량을 차지하는 부분이 본론이기 때문에 처음에는 본론을 쓰는 것이 가장 힘들고 부담이될 것이라고 생각했다. 하지만 내가 관심 있는 분야에 대해 심층적인 내용을 알아가고이를 바탕으로 직접 논문을 써 내려간다는 것에 큰 보람을 느꼈다. '전자 정부'에 대한연구를 진행할 때뿐만 아니라 '협력 외교'에 대한 연구를 진행할 때에도 생활 속에서 그와 관련된 뉴스를 접하면 더 주의 깊게 살펴보았다. 소논문 수업을 할 때 선생님이 진로와 관련된 분야에 대한 소논문을 쓰다 자신이 정말 그 분야를 전공으로 삼아야 할지 의문을 가지는 학생들이 종종 있다고 말씀하신 적이 있다. 하지만 나는 2년 동안 정치외교 분야의 논문을 진행하는 과정이 무척 흥미로웠고, 이는 오히려 내 진로에 대해 더 확고한 생각을 가지는 계기가 되었다.

☺ 본론의 양이 제일 많기도 하고 쓰는 과정이 매우 험난하기도 했다. 메르스 현황을 조사할 때, 각 나라의 통계 자료만 참고하면 된다고 생각해서 간단할 줄 알았다. 하지만 사우디아라비아의 경우 홈페이지에서 통계를 2014년부터 게시하여 최초 감염자를 찾는데 난항이 있었다. 이는 결국 제3국에서 쓴 다른 논문에서 찾을 수 있었다. 그러나 제3

국의 메르스 대응 방식을 조사하는 것 또한 힘들었다. 이 부분은 선행 연구나 보도 자료 등의 도움을 많이 받았다. 해외 논문들을 찾아보는 과정이 힘들었지만 원하는 결과를 얻을 수 있었다. 본론의 마지막이자 제일 중요한 부분이라 할 수 있는 개선 방안 제시는 오히려 수월했다. 연구를 진행하면서 내가 느낀 점을 상세히 적으면 되었기 때문이다. 국내 대응 방식의 문제점을 제시할 때는 선행 연구에 나온 통계 자료 등을 이용하여 구체적으로 제시하기 위해 노력했다.

☺ 본론을 작성하기 시작했다는 것은 본격적인 소논문 작성에 돌입한 것이라고 할 수 있다. 본론에서는 연구 계획서 작성 단계에서 정리한 목차가 중요하게 여겨진다. 목차대로 연구를 진행하기 때문이다. 본론은 전체 소논문 작성 시간의 대부분을 차지할 만큼 시간도 많이 요구되고 그만큼 끈기가 필요한 단계다. 소논문의 핵심이라고 할 수 있다. 나는 본론에 다른 선행 연구의 자료 인용을 많이 했다. 이때 출처를 잘 정리해 두었는데, 덕분에 참고 문헌을 효율적으로 작성할 수 있었다. 자신이 인용한 내용은 그때그때 출처를 정리해 두는 것이 필요하다.

소논문 쓰기 마감 임박! 자신과의 싸움이라 할 수 있지.

☺ 내가 공부하고 조사한 내용을 쓰는 데에는 그리 힘이 들지도 않고, 오히려 관심이 있는 내용이라 하는 내내 즐거웠다. 숙제나 수행 평가도 이렇게 밤을 지새우며 해 본 적이 없는 것 같은데, 소논문을 쓰느라 새벽 4, 5시에 자는 것을 기본으로 여겼던 내 모습을 떠올리면 대견스럽고 뿌듯하다. 소논문 쓰느라 밤을 지새웠다는 선배들의 말을 듣고 대단하다고 생각했는데, 내가 그렇게 하고 있다는 사실이 놀라웠고, 그 생활이 익숙해진 것 또한 놀라웠다.

☺ 찾은 자료들과 함께 노트북을 부여잡고 소논문의 첫 페이지부터 작성하던 그 기분이 아직도 잊혀지지가 않는다. 완성하려면 훨씬 많은 페이지가 남았지만 그래도 조금씩 채워 가는 기분이 좋았다. 그렇게 끝까지 기분 좋게 리듬을 타며 노트북 위에서 손가락들을 움직일 수 있었더라면 얼마나 좋았을까. 마감을 앞두고 시간 할애를 잘못한 탓인지, 소논문 작업을 마무리하는 과정에서 나는 하룻밤을 샜다. 마감 시간을 지키기 위해서는 부모님이 주무실 때에도 거실에 앉아 노트북과 씨름해야 했고 다음 날 점심때가 되어서야 겨우 완성할 수 있었다. 내가 즐겨 보는 웹툰 작가들도 마감 시간을 지키기 위해 밤샘 작업을 한다는데, 내가 그 입장에 처하고 보니 밤을 지새우며 무언가에 열정을 불태우고 완결을 짓는다는 것이 꼭 그렇게 힘든 것만은 아니라는 생각이 들었다. 소논문을 완성하고 나니 뭔가 후련하기도 하고 뿌듯하기도 했다.

본론의 첫 시작은 내가 제기한 연구 문제와 관련된 이론적 배경을 효과적으로 제시하는 것입니다. 이론적 배경에 무엇을 쓸까를 고민할 때 가장 중요한 것은 '내가 제기한 문제가 무엇이냐' 하는 것입니다. 이론적 배경을 쓰는 이유는 이 분야의 방대한 배경을 소개하기 위한 것이 아닙니다. 내 연구의 문제를 풀어 나가는 데 있어서 일차적으로 독자를 설득하기 위해 제시하는 것입니다.

본론을 쓸 때 여러 학생들이 범하는 실수 중 하나는 나의 연구 문제 해결에 도움이 되지 않는 이론적 배경을 나열하는 것입니다. 철저히 연구 문제에 초점을 맞춰야 합니다. 그러므로 서론에서 연구의 필요성과 목적에 대해 제시한 문제의 논리를 그대로 이어 연구 문제에 대한 충분한 근거로 제시해야 합니다.

질적 연구에서는 이론적 배경을 이어 연구에 제기한 문제의 해결 방법을 찾아가기 위해 본론을 구성합니다. 한 가지 주의해야 할 점은 나와 동일한 연구 문제를 가진 선행 연구의 이론적 배경과 연구 내용을 그대로 가지고 오는 경우입니다. 이 경우는 연구 윤리에 어긋나는 표절입니다. 선행 연구를 인용할 때와 마찬가지로 자신의 말과 논리, 관점으로 재구성해야 합니다.

이제 본격적으로 연구의 그림을 보여 줄 차례입니다. 이 과정을 '연구 설계'라고도 하고 '연구 방법'이라고도 합니다. 실험 연구, 조사 연구에서는 연구 방법을 연구 대상, 측정 도구, 연구 절차, 자료 분석 방법 등으로 나누어 구체적이고 명확하게 제시해야 합니다. 하지만 문헌 연구에서는 연구 방법을 서론 말미에 두어 연구 절차 정도만 가볍게 제시하거나 생략하기도 합니다.

이렇게 수집된 자료를 분석해서 연구 문제의 연구 결과를 제시하는 것까지가 소논문의 본론입니다. 문제의 제기가 소논문을 시작하는 씨앗이라면, 연구 활동을 통해 수고한 노력의 결과, 소논문의 꽃은 연구 결과입니다. 하지만 꽃이 꽃다우려면 연구 결과의 숨어 있는 가치를 찾아야 합니다. 보통 우리 친구들이 범하는 실수가 조사된 자료만 제시하는 것입니다. 여기서 더 나아가 내가 제기한 연구 문제의 답을 찾아내는 것이 핵심입니다. 어렵지 않습니다. '선택'과 '집중'입니다. 본론을 작성하는 내내 내가 제기한 문제가 무엇인지를 꼭 붙잡고 필요 없는 것은 과감히 버리면서 연구 문제에 집중하는 것입니다. 서론에서 독자에게 약속한 것처럼 내가 제기한 연구 문제에 답하는 데 집중하면 됩니다.

Ⓥ 단계별 *CHECKLIST* ▶

☐ 연구 문제와 관련된 선행 연구 결과와 관련 이론이 구체적으로 고찰되었는가?

☐ 연구 방법이 명확하고 구체적으로 기술되었는가?

☐ 내용이 충분하고 통일성을 지키고 있는가?

☐ 제시된 표와 그림에 관한 부연 설명이 있는가?

☐ 연구 문제와 관계없는 분석 결과를 제시하고 있지는 않은가?

☐ 예상치 못했던 결과에 대해 정직하게 진술하였는가?

Action 1 이론적 배경 쓰기

본론을 시작하며 이론적 배경을 작성하는 이유는 나의 연구의 학술적 기반을 다지기 위해서입니다. 이론적 배경은 정의, 특징, 동향을 함께 기술합니다. 각 연구의 특성에 따라 주제나 이론, 변수 중심으로 이론적 배경을 작성할 수 있습니다.

■ 주제 중심 이론적 배경 사례

정의	마이크로블로그란 실시간으로 스마트폰, 일반 휴대폰(피처폰), 이메일, 웹을 통해 자신의 상태를 단문 메시지 형태로 전달하는 새로운 커뮤니케이션 채널이다(장용호 외, 2010).

즉각적인 메시지 전달을 목적으로 하는 마이크로블로그는 접속 방법과 운영, 콘텐츠 작성이 단순하고 빠른 피드백을 통해 커뮤니케이션이 가능하기 때문에 언제 어디서나 관심 있는 정보와 자신의 생각을 상대방과 실시간으로 공유할 수 있다.

<표1> 마이크로블로그와 기존 미디어와의 비교 분석(한국인터넷진흥원, 2010)

구분	대면	이메일	메신저	마이크로블로그
관계	1 : 다수	1 : 다수	1 : 1	1 : 불특정 다수
연결의 특징	약속이 필요	쉬운 연결성	쉬운 연결성	쉬운 연결성
배포	동시적	비동시적	동시적	비동시적, 실시간
공간 제약	제한적	단말기에 따른 제약	단말기에 따른 제약	무제한적
커뮤니케이션 범위	폐쇄적 그룹	폐쇄적 그룹	폐쇄적 그룹	불특정 다수에 공개

<표1>은 마이크로블로그와 기존 미디어와의 특징을 관계성, 연결성, 배포성, 공간 제약, 커뮤니케이션 범위별로 비교한 것이며, 이를 통해 마이크로블로그는 모든 속성에서 가장 영향력 있는 미디어임을 알 수 있다.

동향 현재 세계적인 마이크로블로깅 서비스 업체는 미국의 벤처기업 오비어스(Obvious Corp)가 만든 트위터. 트위터는 블로그의 인터페이스와 미니 홈페이지의 친구 맺기 기능 및 메신저 기능을 통합한 소셜 네트워크 서비스로서 2006년 3월에 개설되었다. 웹에 직접 접속하지 않더라도 휴대전화의 문자 메시지나 스마트폰 같은 휴대용 기기 등을 이용하여 글을 올리거나 받아 볼 수 있으며, 댓글을 달거나 특정 글을 다른 사용자들에게 유포할 수 있다.

앞의 사례는 연구 주제에 대한 정의와 특징을 기술하고 연구 주제 분야의 동향을 기록한 것입니다. 특히 연구 주제의 사례를 표로 정리하여 효과적으로 제시하였습니다. 만약에 선행 연구에서 비교 분석한 표를 인용한다면 앞의 사례에서 '(한국인터넷진흥원, 2010)'이라고 표기한 것처럼 표 제목 옆에 인용 표시를 하고, 참고 문헌으로도 기입합니다.

표로 정리하여 제시할 때는 표에 대한 설명도 본문에 꼭 기록합니다.

■ 이론 중심 이론적 배경 사례

정의	자기 결정성 이론은 개인의 성격 발달과 행동에 대한 자기 조절을 구분하기 위한 내적 근거의 중요성을 강조한 이론이면서 외재적 동기와 내재적 동기를 연속선상에서 볼 수 있다(Ryan & Deci, 2000).
특징	기존 동기 이론에서는 외적인 보상이 주어질 때 동기가 나타난다는 외재적 동기와, 태어나면서부터 스스로가 자율적이면서 조절하고 통제할 수 있는 동기가 나타난다는 내재적 동기가 서로 대립되어 있다(Deci & Ryan, 1985; 곽소영 외 2008).  〈그림1〉 정보 시스템의 지속 이용 의도(Bhattachejee, 2001) Bhattachejee(2001)는 〈그림1〉과 같이 기대−일치 모형을 기반으로 정보 시스템의 지속 이용 의도에 영향을 미치는 요인들로 수술수용모형(TAM)의 지각된 유용성과 기대일치이론(ECT)의 기대와 만족, 정보 시스템 지속 이용 의도를 제시하였다. 이 연구 모형으로 정보 시스템을 이용함에 있어서 기대가 지속된 유용성과 사용자 만족에 영향을 미치며 지각된 유용성은 만족과 정보 시스템 지속 이용 의도에 직접적인 영향을 미치는 것으로 나타났으며, 그중에 가장 중요한 요인은 만족이라는 것을 발견하였다.

위의 사례는 이론의 정의와 특징 중심으로 이론적 배경을 작성한 사례입니다. 이론의 특징을 설명할 때 모형으로 정리하여 이해하기 쉽게 제시할 수 있습니다.

정의	플로우는 사전적으로 '흐름'이란 뜻이며, 사람이 행하는 모든 행동에 있어서 의식하지 못한 채 자연스럽게 몰두, 주의 집중을 하게 되는 현상을 일컫는다. 플로우는 '발전'이나 '만족', '행복감'과 같은 긍정적인 결과를 양산한다. 정신적, 심리적, 신체적으로 완전히 빠져드는 느낌 또는 상태로 심리적 측면에 초점을 둔 관여도보다는 포괄적인 개념이다.
특징	관여도는 다차원적인 개념으로 제품, 메시지, 미디어, 이슈 등에 대해 한 개인이 부여하는 중요도의 정도 또는 관심의 정도로 설명할 수 있다. 여기서 관심은 특정 내용과 자신 사이의 어떤 연결점을 전제로 발생한다(Antil, 1984). 몰입은 관계 형성에서 나온 용어로 관계 지속자와 관계 이탈자를 구분하는 중요한 변수로서 가치 있는 관계를 유지하고자 하는 욕망으로 볼 수 있다.
동향	Hus & Lu(2007)는 플로우가 통제, 집중, 호기심, 내재적 흥미, 즐거움 등의 다차원적인 구성 개념이라고 정의하였다. 그들은 플로우를 매우 즐거운 경험으로 정의하고 온라인 게임에 이를 적용한 바가 있다. 국내에서도 플로우 이론은 온라인 쇼핑이나 온라인 게임 분야에서 주요 개념으로 폭넓게 이용되고 있다(한상린 외, 2000).

위의 사례는 연구의 변수에 대한 정의와 특징을 중심으로 작성한 사례입니다. 위의 예시와 같이 연구의 핵심 키워드인 변수에 대한 정의가 연구의 논리 전개에 중요한 경우도 있습니다. 특히 생소한 용어이거나 여러 가지 의미를 내포한 경우에는 나의 연구에서 연구의 범위를 설명하기 위해서라도 꼭 설명해야 합니다. 이렇게 용어에 대한 정의가 필요한 연구는 이론적 배경을 작성하기에 앞서 '용어 정리'로 따로 구분하여 작성하는 경우도 있습니다.

선행 연구에서는 연구의 이론적 배경을 어떻게 작성하고 있는지 찾아 읽어 보며 여러분의 논문을 작성하기 바랍니다.

논문의 근거! **이론적 배경 작성하기**

▶ 연구의 이론적 배경을 작성해 봅시다.

논문 제목		
연구 문제		
본론의 이론적 배경 쓰기	정의	
	특징	
	동향	

Action 2 연구 방법 쓰기

연구 방법은 목차에서 작성한 순서에 따라 항목을 작성합니다. 연구 방법을 작성하는 첫째 원칙은 독자가 그대로 따라 해도 나와 같은 연구를 진행할 수 있을 정도로 명확하고 친절해야 한다는 것입니다. 둘째는 연구 문제 해결을 위해 내가 선택한 연구 방법이 가장 효율적인 방법임을 증명해야 하는 것입니다. 즉, 연구 방법 작성에도 논리가 필요합니다. '문제 해결을 위해 대상은 꼭 이것이어야 했고, 측정 도구는 이만큼 신뢰할 수 있으며, 이러한 연구 절차에 따라 연구를 진행하여 수집한 자료를 이렇게 분석하였더니 해결 방안은 이것이었다.'라는 논리 말입니다. 실험이나 설문 조사, 인터뷰, 문헌 연구에서도 연구 방법에 대한 논리를 제시해야 합니다. 하지만 경우에 따라 문헌 연구는 서론의 말미에 연구 절차만 간략하게 제시하기도 합니다.

연구 방법의 4항목은 연구 대상, 측정 도구, 연구 절차, 자료 분석 방법입니다. 먼저 연구 대상의 사례를 살펴볼까요? 사례에서와 같이 연구 대상을 왜 이렇게 선정했는지에 대한 이유를 밝힘으로써 연구의 타당성을 높일 수 있습니다.

연구 대상 선정 이유에 대한 기술 내용

- 연구 목적에 부합됨을 밝힐 것
- 연령, 학력, 성별 등 연구 문제에 적합하게 선정되었음을 증명할 것
- 어떤 방법으로 연구 대상이 선정되었는지를 명확하게 기록할 것

	진로 수업 실태 분석을 통한 진로 교육의 문제점 파악과 해결 방안 모색: ○○구 고등학교를 중심으로
연구 대상 사례①	본 연구의 조사 대상을 1, 2학년 때 진로 수업을 받았거나 받고 있는 학교로 정하였다. 따라서 1, 2학년 때 진로 수업을 진행하지 않는 ○○여자고등학교, ○○고등학교, ○○고등학교, ○○고등학교를 조사 대상에서 제외하였고, ○○구 소재 4개 학교인 ○○고등학교 70명, ○○고등학교 70명, ○○여자고등학교 70명, ○○여자고등학교 70명으로 총 280명의 1, 2학년 학생들을 대상으로 설문 조사를 실시하였다.

통합 교육이 고등학생의 장애인 이해 인식에 미치는 영향에 대한 연구: ○○구 고등학교를 중심으로

본 연구는 서울특별시 ○○구 소재의 고등학교 4곳을 선정하여 한 학교당 약 50명씩 총 191명의 2학년 고등학생들을 대상으로 양적 연구를 실시했으며, 고등학교 4곳 중 시간제 통합 교육을 실시하고 있는 ○○고등학교의 특수반 전담 교사를 대상으로 질적 연구를 실시하였다. 전화 인터뷰를 통한 질적 심층 연구는 양적 연구 대상 중 1명을 무작위로 선정하여 진행하였다. 양적 연구 대상으로 선정된 고등학교 4곳 중 ○○고등학교와 ○○고등학교는 장애 학생이 통합되어 교육을 받고 있어 일반 학생들과 장애 학생들과의 직·간접적인 접촉이 빈번하게 이루어지고 있는 것으로 전제한다. 반면, ○○고등학교와 ○○고등학교는 통합 교육을 실시하고 있지 않기 때문에 고등학교 내에서 장애 학생과의 접촉이 발생하지 않는다. 연구 대상의 인구통계학적 정보는 〈표1〉과 같다.

<표1> 연구 대상의 인구통계학적 정보

구분		계	%
성별	남자	71	37.2
	여자	120	62.8
학교	○○고등학교	64	33.5
	○○고등학교	47	24.6
	○○고등학교	50	26.2
	○○고등학교	30	15.7
현재까지 통합 교육을 받은 경험이 있다	예	147	77.0
	아니오	44	23.0
가족 중 장애인이 있다	예	12	6.3
	아니오	179	93.7
장애인 관련 봉사 활동을 한 경험이 있다	예	103	53.9
	아니오	88	46.1

양적 연구 대상 191명을 성별에 따라 분류하였을 때, 남자는 71명으로 전체 중 37.2%를 차지하며 여자는 120명으로 62.8%를 차지한다. 재학 중인 학교에 따라 분류하는 경우, 통합 교육을 실시하고 있는 ○○고등학교와 ○○고등학교에 소속된 대상은 각각 64명과 47명으로 전체 중 33.5%와 24.6%이다. 통합 교육을 실시하지 않는 ○○고등학교와 ○○고등학교에 소속된 대상은 각각 50명과 30명으로 전체 중 26.2%와 15.7%다. '가족 중 장애인이 있다'는 문항에 전체의 6.3%인 12명이 '예'라고 답하였으며, 93.7%인 179명이 '아니오'라고 답하였다. '장애인 관련 봉사 활동을 한 경험이 있다'는 문항에 103명이 '예'라고 답하였으며, 53.9%에 해당한다. 88명이 '아니오'라고 답하였으며, 46.1%에 해당한다.

연구 대상
사례②

step7 본론

측정 도구는 아래 사례에서와 같이 선행 연구에서 검증된 측정 도구를 변형해서 사용하는 것이 가장 바람직합니다.

측정 도구에 대한 기술 내용

- 연구에 사용한 측정 도구가 있으면 밝힐 것
- 측정 도구의 목적, 개발자, 문항 형식, 항목별 문항 수, 문항 번호 등을 표로 만들어 제시하기도 함
- 측정 도구는 이미 선행 연구에서 검증된 기존의 측정 도구를 사용하는 것이 바람직함
- 연구자가 직접 제작하였을 경우에는 연구자가 제작하고 개발한 과정을 상세히 기술하고 예비 측정을 통해 신뢰도와 타당도를 입증해야 함

측정 도구 사례①	**고등학생과 간호대 학생이 지각하는 간호사 이미지에 관한 연구** 설문지의 내용은 일반적 특성 4개 문항, 전통적 이미지 12개 문항, 사회적 이미지 7개 문항, 전문적 이미지 6개 문항, 개인적 이미지 3개 문항으로 총 32개 문항으로 구성하였다. 일반적 특성에는 성별, 입원 경험, 가족이나 친척의 입원 경험, 가족 중 간호사 유무가 포함되었다. 간호사 이미지 측정 도구는 양일심(1998)이 개발한 5점 척도의 4영역의 28문항을 사용하였으며, 전통적 이미지 12문항, 사회적 이미지 7문항, 전문적 이미지 6문항, 개인적 이미지 3문항을 포함한다. 각 문항은 '매우 그렇다' 5점, '대체로 그렇다' 4점, '보통이다' 3점, '대체로 그렇지 않다' 2점, '전혀 그렇지 않다' 1점의 점수를 부여하였다. 점수가 높을수록 간호사의 이미지가 긍정적임을 의미한다. 연구 도구는 연구 개발자(양일심)에게 승인을 받아 사용하였다.
측정 도구 사례②	**통합 교육이 고등학생의 장애인 이해 인식에 미치는 영향에 대한 연구 : ○○구 고등학교를 중심으로** 본 연구의 연구 도구는 선행 연구를 참고로 하여 재구성되었다. 통합 교육 환경에서 일반 학생이 장애 학생을 바라보는 태도와 통합 교육을 경험하지 않은 일반 학생이 장애 학생을 바라보는 태도를 비교하기 위해 임봉숙, 정재권(2014)이 사용한 문항을 기초로 하였으며, 이에 최성규 외(2008)의 연구에서 사용된 문항을 첨가하였다. 본 설문지는 일반 학생의 장애 학생에 대한 인식을 심리적 요인, 학습적 요인, 생활적 요인으로 구분하여 각 3개, 4개, 4개의 하위 문항으로 구성하였다. 설문지에서 언급된 통합 교육은 '장애 아동을 특수학교에 격리 수용하여 교육하는 것이 아닌 일반 학교에서 일반 아동과 공학시키는 교육'으로 정의하였다. 설문 대상이 쉽게 이해할 수 있도록 일반 학생과 장애 학생이 함께 수업을 받는 환경의 학급을 '통합 학급'으로 표기하였고, 통합 학급에서 이루어지는 수업은 '통합 수업'으로 표기하였다.

통합 교육이 장애 학생에 대한 일반 학생의 인식에 미치는 영향을 분석할 때 다른 변수로써 작용할 수 있는 내용을 문항으로 정리하였다. 과거에 통합 교육을 받은 경험이 있는지, 장애인 관련 봉사 활동을 한 경험이 있는지, 가족 중 장애인이 있는지의 여부를 확인하였다. 이 세 가지 문항에 대한 긍정적인 응답은 통합 교육의 영향이 유의미한 결과로 나타나지 않을 경우에 적용할 수 있다.

'응답자의 각 문항에 대한 반응은 '전혀 그렇지 않다', '그렇지 않다', '보통이다', '그렇다', '매우 그렇다'의 5점 척도를 사용하여 측정하였다. 장애 학생에 대한 일반 학생의 인식을 조사하기 위한 설문 문항은 〈표2〉와 같다.

〈표2〉 장애 학생에 대한 일반 학생의 인식 조사를 위한 설문 문항

	문항
심리적	장애인은 혼자서도 자신의 일을 잘 해낼 수 있다.
	가족 중 누군가가 장애인과 결혼하겠다면 찬성하겠다.
	장애인 친구와 함께 통합 교육을 받고 싶다.
학습적	통합 학급에서 공부하면 장애인의 학습 태도가 좋아진다.
	통합 학급에서 공부하면 일반 학생의 학습 태도가 좋아진다.
	통합 수업에서 선생님이 더 상세하게 설명해 주신다.
	통합 수업에서 정상적인 학습 진도가 진행된다.
생활적	점심시간에 장애인 친구와 함께 밥을 먹을 수 있다.
	통합 학급에서 공부하면 장애인의 사회성이 좋아진다.
	통합 학급에서 공부하면 일반 학생의 사회성이 좋아진다.
	타인을 배려하는 마음과 태도를 배울 수 있다.

연구 절차를 통해 연구의 진행 과정은 구체적으로 서술되어야 합니다. 다음 사례를 살펴보며 진행 과정을 어떤 형태로 서술할지 생각해 보세요.

연구 절차에 대한 기술 내용

- 문헌 연구: 자료 수집이 언제, 어디에서, 어떻게 이루어졌는지 기술할 것
- 실험: 사전 – 사후 검사의 시기와 방법 등의 실험 과정 또는 프로그램 운영 과정을 상세히 기록할 것
- 설문 조사·인터뷰: 신뢰성 있는 자료의 수집을 위해 연구 대상을 어떻게 모집하고 안내하였는지 기술할 것

연구 절차 사례①	**고등학생과 간호대 학생이 지각하는 간호사 이미지에 관한 연구** 자료 수집 기간은 2015년 8월 17일부터 2015년 9월 21일까지다. 고등학생의 경우 연구자가 학생들에게 연구 목적과 취지를 설명하고 설문지를 작성하도록 하였다. 대학생의 경우 연구자가 학교 교수에게 직접 연구의 목적과 취지를 설명하고 설문에 대한 동의를 구하였다. 설문 작성 시 학생들의 자유의사에 따라 연구에 참여 여부를 선택할 수 있음을 설명하였다. 연구 참여에 동의하고 학생들에게 설문지를 배부하여 작성하게 한 후 바로 회수하였다. 응답 내용은 익명으로 처리되고 조사 도중 참여를 원하지 않을 때는 언제든지 중단할 수 있으며, 중단에 따른 어떤 불이익도 없으며 응답 결과는 오직 순수한 연구 목적으로만 사용하게 됨을 설명하였다.
연구 절차 사례②	**통합 교육이 고등학생의 장애인 이해 인식에 미치는 영향에 대한 연구: ○○구 고등학교를 중심으로** 설문 조사의 경우 선행 연구를 바탕으로 수정하여 설문지 작성을 완료하였으며, 완성된 설문지로 예비 설문 조사를 실시하였다. 예비 설문 조사는 ○○고등학교 학생 20명을 대상으로 진행하였다. 예비 설문 조사 결과에 대해 논의하는 과정에서 설문지 문항을 하위 문항으로 분류하여 구체화시키는 보완 작업을 거쳤으며, 최종적으로 완성된 설문지를 연구 대상으로 선정된 4곳의 학교에 배부하였다. 일정에 맞게 수합된 설문지는 연구 도구를 사용해 표로 정리 및 분석하였다. 설문지 결과를 통계화한 후, 양적 연구 대상 중 몇 명을 선정하여 인터뷰를 요청하였고, 답변 결과에 대한 심층적 연구를 진행하였다.

수집한 자료를 분석할 때에는 고등학생으로서 여러분이 사용할 수 있는 분석 도구를 사용하면 됩니다.

자료 분석에 대한 기술 내용

- 수집된 자료를 연구자가 어떻게 조직하고 분석하였는지 상세히 기술할 것
- 실험·설문 조사: 통계적 분석 방법에 사용한 객관적 수치 분석 방법을 제시할 것

자료 분석 방법 사례①	**고등학생과 간호대 학생이 지각하는 간호사 이미지에 관한 연구** 수집된 자료는 SPSS를 이용해 분석했다. 자료 분석을 위해 사용된 방법은 다음과 같다. 1) 대상자의 일반적 특성 및 대상자의 간호사 관련 경험은 빈도와 백분율로 처리하였다. 2) 간호사 이미지는 빈도, 백분율, 평균과 표준편차로 분석하였다. 3) 고등학생과 간호대 학생의 이미지 차이는 독립 표본 t-test를 이용하여 분석하였다.

자료 분석 방법 사례②	**통합 교육이 고등학생의 장애인 이해 인식에 미치는 영향에 대한 연구: ○○구 고등학교를 중심으로** 본 연구는 고등학교 내에서 이루어지는 통합 교육이 고등학생의 장애인 이해 인식에 미치는 영향을 분석하기 위한 것으로, 연구 대상으로 선정된 학교의 통합 교육 유무를 독립 변인으로 하고, 설문지에 응답한 일반 학생들의 태도 및 인식을 종속 변인으로 하였다. 통합 교육을 실시하는 고등학교와 실시하지 않는 고등학교 소속 일반 학생들의 장애 학생 수용 태도에 유의미한 차이가 나타나는지 수치화하여 비교하였으며, 자료의 효율적인 분석을 위해 Excel 2007 프로그램을 이용하였다. 통계를 바탕으로 결과를 도표화하여 집단 간의 차이를 한눈에 비교할 수 있도록 하였다.
자료 분석 방법 사례③	**비속어와 은어의 사용이 학생의 학습에 미치는 영향과 해결 방안 연구** 먼저 수집한 선행 연구와 문헌 자료를 읽었다. 자료들을 읽으면서 은어와 비속어에 대한 지식을 충분히 쌓은 뒤, 각자 참고 자료를 하나씩 맡아 분석해 오고 그것들에 대하여 토의하였다. 그다음으로 설문 조사를 실시하여 직접 통계를 내었다. 주관식 문항이 작성된 설문지는 따로 분리하여 읽어 보면서 노트에 서술하여 어떤 경우가 있는지 보았고 객관식은 쉬운 비교를 위해 백분율을 계산하여 표와 그래프를 작성하였다. 그 후 설문 결과를 보아 어떤 문제점이 있는지 파악하여 비속어와 은어 사용 자제 방법에 대해 생각해 보았다.
자료 분석 방법 사례④	**사회 환경이 청소년들의 식품 첨가물 섭취에 끼치는 영향에 관한 연구** 설문지의 통계 처리는 구글 드라이브의 설문지 응답 요약 보기 프로그램을 이용하여 통계 처리를 하였다. 조사 대상자의 일반 사항을 이용하여 대상자들의 체지방 지수를 계산하고, 아침 식사 관련 사항, 간식 및 군것질 식품의 종류 및 섭취 빈도, 군것질에 대한 자신의 생각에 관한 항목은 단순 빈도와 백분율을 산출하였다.

난 이렇게 연구한다! **연구 방법 작성**

▶ 항목별로 연구 방법을 작성해 봅시다.

논문 제목		
연구 문제		
본론의 연구 방법 쓰기	연구 대상	
	측정 도구	
	연구 절차	
	자료 분석 방법	

Action 3 연구 결과 분석하며 쓰기

　　연구 결과에 대한 분석 결과를 제시하고 해석하는 부분입니다. 단순한 통계 수치만 제시하는 것이 아니라 연구 결과의 의미를 충분히 검토하여 해석해야 합니다. 만약에 기대했던 결과가 산출되지 않았더라도 실망하지 말고 조사된 연구 결과를 그대로 진술해야 합니다.

　　연구 결과 분석의 기준은 연구 문제입니다. 아래의 사례와 같이 연구 결과를 연구 문제 중심으로 정리하며 내가 제기한 문제를 내가 설계한 연구 방법에 따라 수집한 자료의 결과가 어떻게 나왔는지를 정리합니다.

결과 분석에 대한 기술 내용

- 연구 문제에 대한 결과를 기술할 것
- 연구 목적과 연구 문제에 맞는 소제목을 정하고 결과를 독자가 이해하기 쉽게 기술할 것
- 연구 결과를 해석하고 선행 연구와 비교할 것

논문 제목	고등학교 환경 교육의 실태와 학생들의 인식에 대한 연구
연구 문제	고등학생의 환경 문제에 일반적인 인식 정도는 어떠한가? 학교 환경 교육의 실태와 문제점은 무엇인가? 학교 환경 교육의 개선 방안은 무엇인가?
연구 문제의 연구 결과 기술 항목	연구 결과는 다음과 같이 3가지 항목으로 기술한다. 1) 고등학생의 환경 문제에 대한 일반적 인식 2) 학교 환경 교육의 실태와 문제점 3) 학교 환경 교육의 개선 방안

　　연구 결과를 효과적으로 제시하기 위해 다음의 사례와 같이 연구 결과를 그래프나 표로 작성하는 것도 좋습니다. 소논문을 처음 쓰는 친구들이 하는 가장 큰 실수는 실험이나 설문 조사, 인터뷰를 통해 수집한 자료를 표나 그래프로 제시하기만 하고 연구 결

과가 가진 의미를 분석하지 않는 것입니다. 내가 수집한 자료를 연구 문제 중심으로 정리할 뿐 아니라 자료가 나타내는 의미를 찾는 것이 분석임을 명심해야 합니다. 아래의 사례를 보면 연구의 측정 항목인 교수 방식과 수업 진도의 연구 결과를 각각 제시하지 않고 학습적 요인으로 묶어 함께 분석하고 연구 결과의 의미를 분석하고 있습니다.

논문 제목	통합 교육이 고등학생의 장애인 이해 인식에 미치는 영향에 대한 연구: ○○구 고등학교를 중심으로

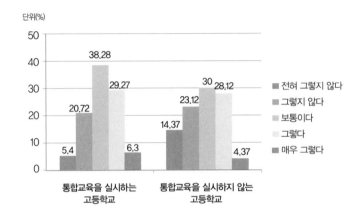

〈그림5〉 통합 교육 유무에 따른 학습적 요인(교수 방식 및 수업 진도 관련)

그다음은 교수 방식 및 수업 진도와 관련된 학습적 요인이다. 설문지에서는 "⑤ 통합 수업에서 선생님이 더 상세하게 설명해 주신다. ⑥ 통합 수업에서 정상적인 학습 진도가 진행된다."라는 항목이 제시되었다. 〈그림5〉에서 나온 결과는 위 두 가지 항목에 대한 결과를 합친 것으로 '매우 그렇다'가 나올수록 긍정적이고 '전혀 그렇지 않다'가 나올수록 부정적이다. 통합 교육을 받은 학교에서는 '그렇다'와 '매우 그렇다'가 29.27%, 6.3%로 총 35.57%가 긍정적인 답변을 했고, '그렇지 않다'와 '전혀 그렇지 않다'는 20.72%, 5.4%로 총 26.12%가 부정적인 답변을 했다. 반면, 통합 교육을 받지 않는 학교에서는 '그렇다'가 28.12%, '매우 그렇다'가 4.37%로 총 32.49%가 긍정적인 답변을 했고, '그렇지 않다'가 23.12%, '전혀 그렇지 않다'가 14.37%로 총 37.49%가 부정적인 답변을 했다. 통합 교육을 받은 일반 고등학생은 통합 교육을 받지 않은 일반 고등학생보다 3.08% 높은 긍정적인 답변을 했고 통합 교육을 받지 않은 일반 고등학생은 통합 교육을 받은 일반 학생보다 11.37% 높은 부정적인 답변을 했다. 이것으로 통합 교육을 받은 일반 고등학생들은 장애 학생들에 대해 수업 진도에 대한 학습적 요인에서 통합 교육을 받지 않는 일반 고등학생보다 긍정적임을 알 수 있다.

문헌 연구를 통해서 수집한 방대한 자료도 역시 내가 해결하려는 연구 문제 중심으로 나누어 정리하며 자료를 통해서 찾을 수 있는 의미를 범주화해야 합니다. 개념들이 가진 공통적인 속성, 용도, 관계 등을 이용해 조직하는 범주화 과정을 통해 내가 해결하려는 문제의 개념을 발견할 수 있습니다. 다음 사례는 봉사 활동의 시작 동기와 관련하여 수집한 자료를 바탕으로 범주화한 예입니다.

수집된 자료	하위 범주	상위 범주	의미 분석
• 도태되는 느낌이 듦 • 새로운 것을 배우고 싶음	자기 계발하고 싶음	봉사 활동에 관심이 있음	평소 봉사 활동에 관심이 많던 학생이 봉사 활동을 시작함
• 평소에 관심이 많았음 • NGO 교육에 관심 있음	봉사 활동에 관심이 있음		
• 오프라인 모임에 나감 • 봉사 활동 단체를 찾아감	직접 찾아가 봄	기회를 접함	봉사 활동에 대해 접할 수 있는 기회가 많았던 학생이 봉사 활동을 시작함
• 신문 홍보를 접함 • 홈페이지 광고를 통해 접함	생각지 못한 기회로 알게 됨		
• 배려할 줄 모름 • 소외되는 아이가 생김 • 개인주의적인 모습이 보임	나눔과 배려에 인색한 모습을 보임	나누고 배려하며 사는 것이 중요하다는 것을 깨달음	나눔과 배려의 가치관이 성립된 학생이 봉사 활동을 시작하게 됨
• 사회적으로 중요한 가치임 • 서로 배려하는 마음을 갖고 싶음	나눔과 배려는 삶의 중요한 가치임		
• 나의 작은 관심으로 친구들이 변함	나눔과 배려의 효과를 직접 경험함		

이렇게 나오더라고! **연구 문제별 연구 결과 분석하기**

▶ 연구 문제에서 연구 결과로 기술할 항목을 찾고, 각 항목별로 연구 결과를 작성해 봅시다.

논문 제목		
연구 문제		
본론의 연구 결과 쓰기	연구 문제의 연구 결과 기술 항목	연구 결과
	1)	
	2)	
	3)	
	4)	

Q 표절과 인용은 어떻게 다른가요?

A 표절은 말 그대로 베껴 쓰는 것이고, 인용은 나의 논리를 펼치기 위해 차용하는 것입니다. 처음 소논문을 쓰는 고등학생의 경우 기존 논문의 문체를 흉내 내어 써 보는 것도 중요한 공부라 생각합니다. 하지만 그대로 베끼는 것과 인용하는 것은 엄연히 차원이 다르다는 것을 기억해야 합니다. 정확한 출처와 인용 표시를 해 주면 전혀 문제가 되지 않습니다.

Q 본문에 인용 부분이 너무 많아 걱정입니다. 문제가 있을까요?

A 인용한 내용의 출처만 정확히 밝힌다면 괜찮습니다. 신경 쓰지 말고 마음껏 인용해도 됩니다. 인용이 많다는 것은 다양한 관련 자료를 찾아 읽고 이해했다는 의미이기도 하니 오히려 뿌듯함을 느껴도 됩니다. 다만 인용의 목적이 논문의 분량을 채우기 위한 것이라면 문제가 됩니다. 인용은 여러분의 주장을 펼치기 위해 사용하는 것임을 잘 기억하고, 정말 필요한 부분을 잘 선별하여 인용하길 권합니다.

Q 연구 결과를 제시할 때 연구자의 생각과 주장을 어떻게 담아내야 할까요?

A 가장 중요한 것은 철저히 분석한 근거 자료를 토대로 객관적이고 체계적으로 여러분의 주장을 뒷받침해야 합니다. 연구자의 생각과 주장에 반대되는 입장도 함께 제시하면 객관적인 논지를 전개하는 데 도움이 됩니다. 그러나 여러분의 즉흥적이고 주관적인 판단이나 독단적인 생각이 담겨서는 안 됩니다. 더불어 반대 입장에 대해서도 감정적이거나 편견을 담은 비판은 삼가야 합니다.

step 8
결론

Action 1   연구 결과 요약, 시사점 및 의의,
          한계점, 후속 연구 방향 쓰기

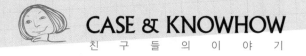
논문의 끝, 결론 쓰기로 유종의 미를 거두었어.

☺ 결론에서는 연구를 요약하고 한계점을 제시했다. 나중에 후속 연구를 진행하게 된다면 이 한계점을 꼭 해결하고 싶다. 앞서 있었던 감염성 질환들과 비교하여 메르스 대응 방식에서 더 나아진 점이 보이지 않아 정부에서 더 장기적이고 근본적인 해결 방안을 제시할 필요가 있다는 점을 강조하고 소논문을 마무리했다. 이번 논문은 작년에 쓴 논문보다 우여곡절이 많아 완성했을 때 더 뿌듯하고 후련했다. 소논문 작성은 고등학교 재학 중 내 진로에 대해 깊은 생각을 할 수 있게 해 주었다. 아울러 대학에 진학하면 관심 있는 분야를 더 전문적이고 체계적으로 연구하여 논문을 써 보겠다고 결의를 다진 소중한 계기가 되었다.

☺ 결론을 쓰다니 너무 행복했다. 마무리 단계다. 결론은 크게 '요약', '한계점', '의의', '후속 연구'를 소재로 작성했다. 첫 부분에서는 전체적으로 연구 내용을 요약하였고, 연구 과정에서의 한계점을 풀어냈다. 그리고 내가 생각하기에 유의미하다고 생각하는 부분을 연구의 의의로 연결시켰다. 마지막으로 후속 연구를 진행한다면 어떤 연구를 하고 싶은지에 대해 작성했다. 결론은 모든 단계를 통틀어 가장 가벼운 마음으로 부담 없이 쓸 수 있었다. 결론을 쓰는 동안 연구를 진행했던 과정들이 머릿속으로 스쳐 지나갔다. 내 자신이 자랑스러웠다. 하지만 선생님이 아니었다면 소논문은 처음부터 나에게 불가능한 도전이었다. 선생님이 논문을 작성하는 동안 조언해 주고 지도해 주었기 때문에 소논문을 잘 마무리할 수 있었다. 선생님에게 감사의 마음을 전하고 싶다.

연구를 마무리하며 시원섭섭한 마음이라니!

☺ 소논문을 완성하기 전 마지막으로 연구 결과를 정리하는 결론을 쓸 때, 1년 가까이 되는 시간 동안 진행해 온 연구가 드디어 완성되었다는 뿌듯함이 있었지만 한편으로는 아쉬움도 컸다. 연구를 한창 진행할 때에는 결론을 쓰는 단계에 이르렀을 때 얼마나 뿌듯할까라는 생각만 들었는데 막상 결론을 쓸 때가 되니 앞으로 소논문을 또 쓸 기회가 있을까 하는 생각도 들고 더 완성도 있게 쓰지 못한 것에 대한 아쉬움이 더 컸던 것 같다. 그동안의 연구 과정을 돌아보니 처음에는 약간의 걱정을 가지고 시작했던 소논문 작성이 지금에 와서는 내가 이 분야에 대해 깊은 관심을 가지고 탐구할 수 있는 소중한 경험이 되었음을 깨닫게 되었다.

본론에 포함된 연구 결과와 결론은 어떤 차이가 있을까요? 연구 결과가 제기된 연구 문제의 답이라면 결론은 제기한 연구 문제에 대한 연구 결과를 가지고 논의하는 것입니다. 여기서 '논의'란 독자에게 나의 연구 결과가 왜 중요한지, 어떤 의미를 갖는지 설득하는 것을 말합니다.

결론의 핵심 요소는 요약, 논의(시사점과 의의), 한계점, 후속 연구 제안입니다.

요약은 서론과 본론에서 내가 제기한 연구 문제와 그 문제를 해결하기 위해 노력한 연구 절차, 그리고 연구 결과 얻게 된 성과를 요약하고 정리하는 것입니다. 이 과정은 다시 한 번 논점을 잃지 않고 명확하게 연구에 대한 논의를 펼치기 위해 필요합니다.

나의 연구 결과에 대한 논의에서는 독자에게 내가 해결한 연구 결과의 이론적이고 실제적인 가치를 강조하며 나의 연구 결과가 갖는 시사점과 의의를 제시합니다. 연구를 통해 펼친 나의 논리에 설득력을 더하기 위해 나의 연구 결과가 선행 연구의 결과와 어떤 연속성을 갖는지, 일치된 결과가 나왔는지, 어떤 차이를 보이는지 등의 선행 연구의 연구 결과와의 통합 과정이 강력한 근거가 될 수 있습니다. 주의해야 할 점은 내가 제기한 연구 문제의 연구 결과에서 드러난 사실을 기반으로 논의해야 한다는 겁니다.

마지막은 나의 연구 설계와 범위가 가진 한계점을 구체적으로 명시해 주고 이를 기반으로 후속 연구에 대한 연구 방향을 제안하는 것으로 결론을 마칩니다.

⊗ 단계별 *CHECKLIST*

☐ 연구 전체를 간략하게 요약하여 제시하였는가?
☐ 연구 결과 도출 및 결론이 합리적이고 논리적인가?
☐ 결론이 분명하게 진술되어 있는가?
☐ 결론 도출 시 연구의 제한점이 적절하게 고려되었는가?

Action 1 연구 결과 요약, 시사점 및 의의, 한계점, 후속 연구 방향 쓰기

    드디어 결론 쓰기까지 왔군요. 고지가 바로 눈앞에 있습니다. 한편의 논문을 마무리하는 결론 쓰기인 만큼 끝맺음을 잘해야겠죠. 결론의 첫 부분은 보통 본론에서 제시했던 연구 결과 내용을 다시 문장으로 정리해서 씁니다. 간단히 말해 연구 결과를 비교, 분석하고 이에 대한 여러분의 의견을 적으면 됩니다.

    평소 인디 음악을 즐겨 들으며 좋아했던 ○○여자고등학교 2학년에 재학 중인 A학생은 이번 소논문 주제로 한국 인디 음악의 대중성 확보를 위한 발전 방안에 대해 연구해 보았습니다. A학생이 결론 부분을 어떻게 작성했는지 살펴보겠습니다.

논문 제목	한국 인디 음악의 대중성 확보와 발전 방안에 관한 연구	
연구 결과 요약	본 연구는 인디 음악의 대중성을 확보하고, 더 많은 인디 뮤지션이 대중에게 소개되는 방안을 찾는 것을 목적으로 이루어졌다. 더불어 전체적인 인디 음악의 인지도를 향상시키고, 대중음악계에서 인디 음악을 발전시키는 방안을 알아보기 위해 진행되었다. 서론에서는 인디 음악이 대중성을 확보해야 하는 이유와 연구 범위를 언급했다. 본론에서는 먼저 한국 인디 음악은 어떤 것이며 어떻게 지금의 인디 씬을 형성하게 되었는지 알아보았다. 그다음 한국 인디 음악이 대중음악계에서 차지하고 있는 위치와 대중에게 어떻게 인식되고 있는지를 연구했다. 이를 통해 최종적으로 인디 음악 대중화를 위한 발전 방안으로서 인터넷 매체 활용과 음악 페스티벌의 활성화를 찾아냈다.	①
	장르의 문제를 안고 있는 주류 음악을 보완해 주는 역할을 톡톡히 하고 있는 인디 음악의 부흥은 한국의 대중음악을 위해 꼭 필요하다. 열악한 환경에서 활동하는 인디 뮤지션들의 작업 환경을 개선하는 데에도 핵심적인 문제다. 최근 인디 음악에 대한 관심이 높아지면서 조금씩 인디 음악계가 성장하려는 움직임을 보이고 있다. 그러나 잠깐의 이슈가 되어 관심을 받는 상황이 아닌 인디 음악 자체에 대한 꾸준한 관심으로 이어지게 하기 위해서는 좀 더 적극적인 대중화가 필요하다.	②

    A학생은 ①에서 연구 과정을 토대로 어떤 연구를 진행했는지 전체 흐름을 살펴본 후

②에서 종합적인 연구 결과를 요약하여 제시하고 있습니다.

본론에서 결과를 적었는데 왜 결론 부분에서 결과를 또 적어야 하는지, 혹시 내용이 중복되는 건 아닐지 걱정하는 사람도 있을 것입니다. 두 부분은 분명히 차이가 있습니다. 본론에서 다루었던 결과에는 여러분의 생각을 덧붙여서 설명한 것이 아니라 표나 그래프, 또는 여러 근거 자료를 가지고 객관적인 시각으로 결과를 보여 주었을 겁니다. 대부분 본론에서는 이렇게 결과를 제시하지요. 그에 반해 결론에서는 연구 전체의 결과만을 연구자의 해석과 생각을 담아 적는다고 생각하면 좀 더 이해하기 쉬울 겁니다. 즉, 본론에서는 객관적인 검증 결과를, 결론에서는 연구자의 해석과 의견을 담은 전체 연구 결과를 다루는 것이죠.

연구 결과 요약을 잘했다면 두 번째로는 시사점과 의의를 언급해 주면 됩니다. 다음 A학생이 작성한 시사점 및 의의 내용을 토대로 어떻게 작성하는지 한번 알아보도록 하겠습니다.

논문 제목	한국 인디 음악의 대중성 확보와 발전 방안에 관한 연구
시사점 및 의의	인디 음악이 다시금 주목받고 있기 때문에 이 시점에서 이 관심을 유지해 나가는 방안을 논의하는 것은 시기적절한 연구라 볼 수 있다. 또한 이 연구가 인디 음악뿐만 아니라 전체적인 대중음악계와 주류 음악의 한계점인 장르의 다양성을 해결할 가장 기초적인 대안을 제시한다는 점에서 가치가 있다.

A학생은 연구의 시의적절성과 대안 제시의 가치 부분을 언급하며 연구의 시사점 및 의의를 밝히고 있습니다. 위 예시처럼 서론에서 언급했던 연구의 필요성과 목적을 토대로 이 연구 결과가 실제로 어떤 점에서 도움이 될 수 있으며, 어떤 점에서 가치가 있는지 언급하면 됩니다. 물론 석·박사 학위 논문이 아닌 이상 학문적 공헌도를 생각하기에는 조금 무리일 수 있겠죠. 그래도 미흡하게나마 여러분의 연구가 긍정적 영향을 주리라 기대해 보며 작성해 보세요.

본인 연구의 가치를 충분히 언급했다면 이제는 조금 비판적인 시선으로 연구의 한계점을 언급해 보겠습니다. 이 부분에서 유의해야 할 점은 자신의 부족했던 부분을 반성문같이 길게 쓰는 것이 아니라는 것입니다. 여기에서는 연구 진행상의 한계점을 밝혀 주면 됩니다. 연구의 한계점은 너무 많이 언급하기보다 간결하고 짧게 적는 것이 안전하고 좋습니다.

논문 제목	한국 인디 음악의 대중성 확보와 발전 방안에 관한 연구
한계점	대중화를 위한 방안을 찾는데, 대중과 소통할 기회만을 강조하고 구체적인 방안은 내지 못한 것이 이 연구의 한계점이라 할 수 있다.

그렇다면 한계점에는 어떤 내용을 언급할 수 있을까요? 위의 A학생이 작성한 예시처럼 연구에서 다루지 못했던 부분이 있거나, 연구 방법과 대상에 한계가 있다면 결론에서 솔직히 밝혀 주세요. 이는 비록 소논문이기는 하지만 연구의 진정성을 높이는 데 도움이 될 수 있습니다.

연구의 한계점 뒤에는 후속 연구 방향을 제안하며 마무리합니다. 소논문의 경우에는 석·박사 논문과는 다르게 후속 연구 방향을 제안하는 데 무리가 있기도 합니다. 그러나 이렇게 생각해 보세요. 여러분의 후배들이 이와 유사한 주제로 소논문을 쓸 수도 있다는 것을요. 여러분의 연구와는 차별화된 또 다른 연구 방향을 알려 준다면 그것도 연구자들에게 큰 도움이 될 수 있습니다.

다음은 A학생이 결론에서 작성한 후속 연구 방향 제안 내용입니다.

논문 제목	한국 인디 음악의 대중성 확보와 발전 방안에 관한 연구
후속 연구 방향 제안	앞으로 행해지는 연구에는 대중화에 대한 구체적 방안과 인디 음악계에서 실행할 수 있는 방법을 도출하고 산업적인 측면에서의 접근도 행해져야 할 것이다.

A학생은 본인의 연구에서 다루지 못했던 산업적인 측면에 대한 연구 방향을 제안하고 있습니다. 이외에도 여러분이 연구의 한계점이라 생각했던 부분이 또 다른 연구를 진

행할 수 있는 제안점이 될 수 있습니다. 연구 대상자를 더 많이 확보하여 조사하는 것도 그중 하나라 할 수 있습니다. 또한 조사 기간을 충분히 둔다든가, 연구 방법을 바꿔 진행해 보는 것도 좋은 제안이 될 수 있습니다. 여러분의 연구 내용을 보고 후배들이 더 나은 연구를 진행할 수 있도록 결론 말미에 후속 연구 방향을 꼭 제안해 보세요.

지금까지 살펴본 것처럼 결론에서는 연구 결과, 시사점 및 의의, 한계점, 후속 연구 방향 제안 등을 한 페이지 이내로 담아냅니다.

이제 여러분도 다음 워크북 양식에 맞추어 결론을 작성해 보세요.

소논문 쓰기의 마무리! **결론 작성하기**

▶ 소논문의 결론을 다음 조건에 맞추어 작성해 봅시다.

논문 제목	
연구 결과 요약	
시사점 및 의의	

한계점	
후속 연구 방향 제안	

Q 결론과 본론의 연구 결과 내용은 서로 어떻게 다른가요?

A 여러분 중에 결론이 왜 필요할까 생각해 본 친구도 있을 것입니다. 이미 본론에서 결과까지 다 제시했기 때문에 굳이 반복하여 또 언급할 필요가 있을까 하는 생각 때문이겠지요. 그러나 결론은 매우 중요한 역할을 합니다. 본론에서 제시한 결과와는 다르게 결론에서는 조금 큰 범위의 내용을 담아내야 합니다. 즉, 객관적인 결과만을 요약하여 제시하는 것이 아니라 연구 전체에 대한 연구자의 해석과 의견도 반영해야 한다는 것이 가장 큰 차이점입니다. 결론은 본론에서 전개한 사실을 간단히 요약하고 연구의 중요 결과를 의견과 함께 제시함으로써 논문 전체를 매듭짓는 부분이라 할 수 있습니다.

Q 결론을 쓸 때 주의할 점은 무엇인가요?

A 결론에서는 반드시 본론에서 다룬 내용만 언급해야지 본론에 나오지 않는 주제나 용어를 다루면 안 됩니다. 결론은 본론의 내용 안에서 끌어낸 것임을 명심하십시오. 그래야만 서론, 본론, 결론의 통일성이 유지될 수 있습니다.

Q 결론에 연구자의 생각과 주장을 넣어도 되나요?

A 네. 소논문은 연구자의 주장을 논리적인 근거를 토대로 설득하는 것이 핵심입니다. 즉, 연구자의 주장을 펼치는 데 당연히 생각과 의견이 반영되겠죠. 연구자 자신의 새로운 주장을 결론에서 다시 한 번 반복하여 논문의 타당성과 가치를 분명히 드러내면 더 좋습니다. 유의할 점은 이를 너무 극단적이거나 감정적인 호소 형태로 표현하는 것은 적합하지 않다는 겁니다. 객관적인 시각에서 문제를 논의하고 연구자의 생각과 주장을 적절히 담아내는 것이 바른 결론이라 할 수 있습니다.

step 9
초록

Action 1 연구 목적, 연구 문제, 연구 방법,
연구 결과 요약하기

논문의 요약, 초록 쓰기 도전!

☺ 논문이 다 완성된 후 논문의 주제와 목적, 연구 결과 등을 담은 한 페이지 분량의 초록을 작성하였다. 선행 연구 논문을 조사할 때 시간이 충분하지 않았기 때문에 논문의 초록을 살펴보면서 이 논문 자료가 과연 내 소논문을 쓰는 데 필요한 것인지를 판단한 적이 많았다. 즉, 초록은 연구자가 방대한 분량의 논문을 다 읽어야 하는 수고로움을 줄여 줄 뿐 아니라, 정보의 적합성 여부를 신속하게 판단할 수 있도록 해 주어 이용자들에게 매우 중요한 양식이다. 이렇게 중요한 부분임을 알기에 초록 한 페이지에 전체 논문의 내용을 간결하고 핵심적으로 잘 담아내기 위해 엄청난 공을 들였다. 또한 이 초록 내용을 바탕으로 논문 심사 때 필요한 발표 내용을 준비하면서 더욱 쓰임새 있는 초록의 역할을 발견할 수 있었다.

☺ 나는 논문의 결론까지 모두 작성하고, 마지막에 다시 앞으로 돌아와 초록을 작성했다. 이때 내가 쓴 순서는 다음과 같다. 먼저 서론을 참고하여 연구의 배경과 주제를 밝히며, 본론 내용을 토대로 연구 방법과 진행 과정, 세부 내용을 다루었다. 그리고 결론을 참고하여 연구 결과를 정리하여 제시하였고, 초록 말미에는 연구의 결과와 목적을 포함한 의의를 제시함으로써 내 연구의 가치를 강조하는 것으로 마무리하였다. 초록은 본인이 연구한 과정을 시작부터 끝까지 요약, 정리하여 쓴다고 생각하면 편할 듯하다. 비교적 짧은 분량이기 때문에 서론, 본론, 결론에서 핵심적인 부분만 잘 간추려 쓰는 것이 중요하다.

☺ 소논문을 다 완성하고 초록을 쓰니 이제야 다 끝난 기분이 들었다. 선행 연구들과 여러 조언들을 참고하면서 소논문을 완성했다는 사실에 매우 뿌듯했다. 내가 쓴 논문 내용을 한 페이지 이내로 간추리는 과정이 그리 쉽지는 않았지만, 마지막 마침표를 찍으며 마무리했을 때는 논문 전체를 매듭지었다는 안도감과 홀가분한 마음으로 날아갈 듯이 기뻤다.

드디어 초록을 작성합니다! 연구 주제를 정하며 시작된 연구 활동을 무사히 마무리 지은 여러분에게 박수를 보냅니다. 이제 나의 논문을 찾는 독자에게 연구의 초대장이 될 초록을 작성해 보겠습니다.

초록의 작성 목적은 연구 전반의 윤곽과 중요한 연구 결과를 간추려 제시하며 독자로 하여금 나의 논문 전체를 읽지 않아도 논문의 핵심 내용을 예상할 수 있도록 도와주는 것입니다. 분량은 서론보다도 간략한 것이 보통입니다. 그러므로 연구 목적, 연구 문제, 연구 방법, 연구 결과를 짧게 쓰면서도 필요한 내용은 꼭 담을 수 있도록 요약해야 합니다. 단, 본문의 문장을 그대로 옮겨 놓아서는 안 됩니다.

초록을 쓸 때는 경우에 따라 연구 결과는 제시하지 않고 서론에서처럼 연구 방향만을 제시할 수도 있습니다. 그리고 필요에 따라 연구의 중요성과 의의를 명백하게 제시할수도 있습니다.

초록은 제시하는 형식에 따라 작성 분량이 제한될 수 있습니다. 초록 작성에 대한 좋은 사례는 여러분이 가지고 있는 선행 연구에 충분히 있습니다. 어떻게 작성하고 있는지 선행 연구를 살피며 작성해 보세요.

⊙ 단계별 *CHECKLIST*

☐ 연구 목적과 연구 방법 등 연구 전반의 윤곽이 제시되었는가?

☐ 문제 제기가 정확히 되었는가?

☐ 중요한 연구 결과를 제시하고 있는가?

Action 1 연구 목적, 연구 문제, 연구 방법, 연구 결과 요약하기

    드디어 소논문을 완성한 ○○여자고등학교 1학년에 재학 중인 A학생. 한숨 돌리며 쉬고 싶은 마음이 간절하지만 최종적으로 초록 작업만을 남겨 두고 있습니다.

    현재 A학생은 교내에서 온라인 기자단 활동을 하며, 학교 소식을 직접 취재하여 학교 홈페이지에 올리는 재능 기부 활동을 하고 있습니다. 본인의 진로 희망 분야인 언론홍보학과와 관련이 있어 더욱 흥미롭게 참여하고 있지요. A학생은 이러한 관심과 경험을 바탕으로 소논문 주제를 '교내 학교 홈페이지 활성화를 위한 방안'으로 정하고 연구를 진행하는 열의도 보여 주었습니다. 초록까지 깔끔하게 잘 매듭짓고 싶은 A학생은 B선생님을 찾아가 조언을 구해 봅니다.

A   선생님, 드디어 소논문을 다 완성했어요. 정말 고되고 힘든 작업이었는데, 그래도 끝이 있긴 하네요.

B   정말 고생 많았구나. 포기하지 않고 끝까지 완성했다는 게 정말 대단한 거야. 장하다.

A   뭘요. 다 선생님 덕분이죠. 이제 초록만 남았어요. 그런데 솔직히 초록이 뭔지 잘 모르겠어요.

B   초록이라는 말도 생소하지?

A   네. 초록색도 아니고, 초록이…… 이게 뭔가요?

B   그래. 처음 들었을 거야. 일종의 논문 요약문이라 생각하면 쉬워. 소논문이라고 해도 긴 글이잖아. 그래서 한 페이지 이내로 짧게 요약문을 적어서 독자들이 쉽게 핵심만 파악할 수 있도록 길잡이 역할을 해 줄 초록이 필요하단다.

A   아, 그렇군요. 그런데 요약문이 굳이 필요할까요? 제목과 목차로도 충분할 것 같은데요.

B   물론 논문 제목과 목차도 적합성 여부를 파악하는 데 핵심 정보이긴 하지만 정보량이 너무 부족하지. 그렇다고 전체 논문 내용을 다 읽으려고 한다면, 상당한 시간이 걸릴 거야. 그리고 다 읽었는데 정작 필요 없는 자료였다면 허무하겠지. 결국 초록은 독자들의 시간과 돈을 절약해 주기 위한 목적도 있단다.

A   정말 독자들을 생각한다면 작성해 두는 것이 좋겠네요.

B   그럼! 독자들에게 예비 지식을 주는 것이니 매우 좋은 길잡이가 될 수 있겠지.

A	초록은 이렇게 마지막에 작성하는 것이 좋은가요?
B	아무래도 소논문 작성 기간 동안 내용에 변화가 있고, 또한 연구 결과도 써야 하니까 연구가 최종적으로 마무리되어야 작성할 수 있겠지.
A	그렇군요. 그럼 초록에는 보통 어떤 내용을 써야 하나요? 작성 원칙이라도 있나요?
B	연구의 목적, 연구 문제, 연구 방법, 연구 결과 등을 차례로 적는단다.
A	서론, 본론, 결론에서 언급했던 내용들을 요약해서 적으면 되겠네요?
B	그래. 초록은 작성한 내용을 토대로 요약 정리한다고 생각하면 돼.
A	네, 선생님이 알려 주신 내용을 순서대로 적어 보면 쉬울 것 같아요.

A학생은 선생님의 조언을 토대로 연구 목적, 연구 문제, 연구 방법, 연구 결과 등을 차례대로 요약하며 다음 워크북 양식에 맞추어 작성해 보았습니다.

논문 제목	학교 홈페이지 활성화를 위한 방안 연구 - ○○여자고등학교를 중심으로-
연구 목적	본 논문에서는 학교 홈페이지를 분석하기 위하여 조사 및 분석의 항목과 기준을 설정하고 ○○여자고등학교를 중심으로 인터뷰와 분석 등을 통해 현재 학교 홈페이지의 문제점을 파악하고 그에 따른 학교 홈페이지 활성화 방안을 제시하고자 한다.

먼저 서론에서 제시한 연구의 필요성 및 목적을 한 문장으로 간결하고 명확하게 정리하여 서두 부분에 제시합니다. 무엇을 밝히고자 하는지 알려 주는 것이지요.

연구 문제	정보가 중요한 자원이 된 정보화시대는 정보를 효과적으로 수용하고 활용하는 능력을 요구한다. 이러한 요구는 우리 생활의 많은 것을 변화시켰다. 물론 교육도 예외는 아니었다. 많은 학교들이 정보화시대에 발맞추기 위해 학교 홈페이지를 구축했다. 시간이 지나 학교 홈페이지는 원래의 기능과 목적을 잃고 형식만 갖춘 존재가 되었다. 학교 홈페이지가 점점 그 기능을 잃고 쇠퇴해 가는 상황에서 이 연구는 학교 홈페이지의 문제점을 분석하고 학교 홈페이지를 활성화시킬 수 있는 방안을 제시했다.

초록에서의 연구 문제는 서론에서 제시한 연구 문제를 축약해서 작성합니다.

연구 방법	연구는 ○○ 여자고등학교 홈페이지를 중심으로 이루어졌다. 일정한 기준에 의해 학교의 현황을 디자인, 메뉴 구성, 운영으로 세분화하여 분석하고 학교 홈페이지 관리자와 인터뷰하였다. 그 결과를 토대로 학교 홈페이지의 우수한 부분과 부족한 부분을 도출해 냈다. 또한 서울교육청 웹호스팅 사업에서 우수 운영 홈페이지의 전반적인 특징과 우수한 점을 찾아 ○○ 여자고등학교 홈페이지와 비교 분석하였다.

여기에서는 연구 대상, 연구 과정, 연구 방법을 포함하여 서론에서 제시한 내용을 다시 간단히 언급해 줍니다.

연구 결과	연구 결과 많은 학교 홈페이지가 학교 홈페이지의 원래 기능과 목적을 잃어버리고 관심 밖의 영역에 있었다. 대부분 정보 전달, 홍보의 기능으로만 이용되고 교육에 있어서는 아무런 활용이 없었다. 메뉴 구성과 운영에 있어 체계를 갖추지 못하였으며 이로 인해 학생과 교사, 교사와 학부모, 학생과 학생 등 학교 홈페이지 이용자 간의 상호 작용이 전혀 일어나지 않았다. 디자인, 메뉴 구성, 운영으로 세분화되어 도출된 문제점을 바탕으로 해결 방안을 제시하였다. 일관성, 가독성, 심미성을 갖추고 다른 학교와 구별되는 개성 있는 디자인, 접근성이 높고 상호 작용을 활발히 할 수 있는 메뉴, 사용자의 편의와 참여를 높이고 안전한 홈페이지를 만드는 운영이 학교를 활성화할 수 있다는 결론을 통해 이를 실천할 수 있는 구체적인 방안을 연구에서 제시하였다. 정보화 사회에서 정보는 우리에게 편리와 이익을 가져왔지만 정보를 제대로 활용하지 못하면 정보는 우리에게 준 이익만큼이나 큰 손해를 준다. 학교 홈페이지도 이와 같다. 학교 홈페이지의 활성화는 정보를 효과적으로 활용하고 다른 사람들과 소통할 수 있는 정보화 사회의 인재를 만들 것이다. 본 연구는 이러한 점을 고려하면 충분히 가치 있다.

초록에서의 연구 결과는 결론에서 작성한 연구 결과 내용을 중심으로 작성하며, 자신의 연구 결과만 담아내도록 합니다. 구체적으로 연구 문제에 대해 어떤 답을 제시했으며, 조사 결과 무엇을 알게 되었는지의 내용을 씁니다.

한눈에 보는 나의 논문! **초록 작성하기**

▶ 소논문의 초록을 다음 조건에 맞추어 작성해 봅시다.

논문 제목	
연구 목적	
연구 문제	
연구 방법	
연구 결과	

Q 초록의 역할이 정확히 어떤 것인가요?

A 초록은 일종의 논문 요약본이라 할 수 있습니다. 한 페이지 분량으로 논문의 전체 내용과 결론을 담고 있습니다. 논문은 긴 글이기 때문에 논문 전체를 읽기 전에 필요한 정보를 담고 있는지 파악하고자 초록부터 읽습니다. 따라서 초록을 잘 활용하면 자료 검색 및 분석 과정에 있어서 시간을 절약할 수 있습니다.

Q 초록을 작성할 때 내용에 담겨야 할 필수 요소가 있나요?

A 초록에는 필수적으로 논문 제목, 연구 목적, 연구 문제와 방법, 연구 결과에 대한 내용을 요약하여 담아냅니다. 작성할 때는 표나 그림을 사용하지 않고, 참고 문헌도 인용하지 않습니다. 분량은 한 페이지 이내로 합니다.

Q 초록을 쓸 때 유의해야 할 점은 무엇인가요?

A 초록은 연구를 모두 완료하고 가장 마지막 순간에 작성하는 경우가 많습니다. 그 이유는 연구 결과까지 모두 담아야 하기 때문입니다. 그리고 초록은 한 페이지 이내의 분량으로 요약하여 담아내는 것이 좋습니다. 너무 욕심내어 길게 작성할 필요가 없습니다. 또한 본론에서 다루지 않은 내용을 언급한다던가, 중요 내용이 누락되지 않도록 유의해야 합니다. 무엇보다 중요한 것은 논문 검색에 활용할 수 있는 연구의 핵심 키워드가 반드시 담겨 있어야 한다는 사실입니다. 때로는 이를 위해 초록 하단에 주요 키워드를 3~5개 정도 제시하는 경우도 있습니다.

step 10
편집

논문 작성은 논문 체제와 형식에 맞게 하는 거야.

☺ 직접 소논문을 써 보았기 때문에 표절과 인용이 종이 한 장 차이라는 것을 느낄 수 있었다. 표절이 아닌 인용을 하기 위한 노력이 얼마나 고된 것인지도 직접 느껴 볼 수 있었다.

☺ 소논문 쓰기 강좌를 통해 논문이 어떤 과정을 통해 탄생하는 것이며 또한 얼마나 고된 작업인지 깨달았다. 비록 짧은 시간에 꽤 심도 깊은 결과물을 만들어 내야 하는 부담감과 압박감도 있었지만, 오히려 그런 것을 느낌으로써 학자들의 고충을 이해할 수 있었다. 이 강좌를 통해 내 글쓰기 실력이 얼마나 향상했는지는 알 수 없지만 그것보다 더 귀중한 체험을 할 수 있었다는 사실에 만족하고, 이것이 언젠가는 나의 연구 활동이나 글쓰기에도 좋은 밑거름이 될 것이라 확신한다.

☺ 각종 선행 연구를 참고하며 내가 몰랐던 정보를 얻고, 내가 쓴 글에 살을 덧붙이는 형식으로 진행했다. 이렇게 진행을 하던 중간쯤 나는 예상치 못했던 난관에 처하게 되었다. 나는 컴퓨터를 잘 다루지 못하는 편이라 논문 작성에 필요한 기본적인 프로그램 활용에 많은 어려움을 느꼈다. 컴퓨터를 능숙하게 다루는 친구들에 비교하면 시간이 배로 들었을 것이다. 하지만 포기하지 않고 선생님의 피드백과 소논문 쓰기 가이드북을 참고하여 나의 부족한 부분들을 천천히 채워 갔다. 선생님의 조언으로 매끄럽지 않았던 부분들도 매끄럽게 다듬을 수 있었다. 이로써 처음에 막막하기만 했던 소논문은 절제되고 완성된 형식으로 차츰 모습을 갖춰 갔다.

고진감래! 완성된 땀과 노력의 성과물이 내 손에!

☺ 아직 고등학생이라 모르는 것이 많고 형식이나 내용 면에서도 미숙한 부분이 많았다. 그래서 사서 선생님, 국어 선생님을 찾아가서 적극적으로 조언을 구했는데, 이는 틀린 부분을 고치고 소논문을 매끄럽게 풀어 나가는 데 큰 도움이 되었다. 평소에는 선생님을 찾아가 질문하는 것이 죄송해서 소심하게 혼자 끙끙거리는 편인데, 이번에는 적극적으로 찾아다니며 자문을 받았다. 물론 스스로의 힘으로 문제를 해결하는 것도 좋겠지만, 선생님의 도움을 받아 더 효율적으로 연구 방향을 잡았다. 처음 소논문을 작성했을 때보다 더욱더 완성도 있는 소논문이 된 것 같아 감사하고 뿌듯했다.

☺ 소논문을 쓰면서 이런저런 힘든 부분도 많았지만, 나중에 제본까지 모두 끝낸 후 완성된 소논문을 손에 쥐었을 때의 쾌감과 뿌듯함은 이루 말할 수가 없었다. 첫 시간 오리엔테이션 때 최종적으로 소논문을 받았을 때 정말 기뻐할 것이라고 했던 선생님의 말씀이 맞았다.

☺ '소논문을 쓰는 것이 너무 힘들었지만, 끝내고 나니 뜻깊고 보람차다.'라는 표현을 상투적이라고 느낀 데에는 다 이유가 있다. 정말 소논문을 쓰는 건 언제나 힘들다. 막상 시작을 하더라도 그 방대한 양에 짓눌려 조금은 후회스럽기도 하다. 자칫 표절로 오해받을까 봐 말 한 마디 옮겨 적는 것도 조심스럽고 피로하다. 정보가 많은 주제인 경우는 정보를 나만의 논리로 체계적으로 정리하기 어렵고, 정보가 없는 주제인 경우는 연구할 내용이 없어 그 자체로 또 힘들다. 그렇지만 소논문을 다 쓰고 나면 내가 써 냈다는 것이 그저 신기하다. 내가 연구한 '신경 가소성'에 대해서는 이제 어디를 가서도 자신 있게 말할 수 있다는 사실에 더 뿌듯하고 보람차다.

먼저 논문의 전체적인 틀에 대해서 알아보도록 하겠습니다. 표지와 앞서 배운 대로 목차, 초록, 서론, 본론, 결론, 참고 문헌을 차례로 넣은 다음에 자신이 사용한 설문지나 논문 후기 등을 부록으로 넣어 줍니다.

표지
목차
초록
서론
본론
결론
참고 문헌
부록

사실 논문을 쓰고 나서 최소 세 번 이상 다시 읽으며 내가 쓴 글이 소논문 글쓰기의 원칙과 형식 요소를 잘 지키고 있는지 확인해야 합니다. 너무 많이 읽어 봐서 틀린 내용이 안 보일 것 같다면 소논문을 같이 쓰는 친구들에게 검토를 부탁하여 한 번 더 확인해야 합니다.

우선 소논문 글쓰기 원칙을 잘 따르고 있는지 점검해야 합니다.

- 표현이 정확한가?
- 객관적인 서술 태도를 유지하였는가?
- 주어−서술어 관계가 맞는 간결한 문장인가?
- 정확한 어휘를 사용하였는가?

소논문의 형식 요소를 잘 지키고 있는지에 대해서도 점검합니다.

소논문 형식 점검 항목

- 용어가 통일되었는가?
- 인용과 참고 문헌이 일관된 규칙을 가지고 정확히 기록하였는가?
- 맞춤법과 띄어쓰기가 올바른가?
- 내용의 순서와 기호는 일관성 있게 작성되었는가?
- 표와 그림의 순서는 일관성 있게 작성되었는가?

ⓥ 단계별 *CHECKLIST*

- ☐ 논문의 일반적인 양식에 맞게 작성하였는가?
- ☐ 문서 작성의 세부적인 요소들(글자체, 글자 크기, 표 제목, 그림 제목 등)이 일관성이 있는가?
- ☐ 문장 표현이 정확하고 간결한가?
- ☐ '각주'를 통해 출처를 정확하게 밝혔는가?
- ☐ 참고 문헌 목록을 정확하게 첨부하였는가?
- ☐ 표절 검사(http://www.copykiller.co.kr)를 통과하였는가?
- ☐ 본문 기술은 사실을 최대한 객관화하여 기술하고 있는가?
- ☐ 문장은 최대한 짧게 쓰고 있는가?
- ☐ 문장 성분 사이의 호응 관계가 맞는가?

Action 1 표지 만들기

소논문의 얼굴, 표지 만들기입니다. 표지는 논문 제목과 연구자의 신원을 알리는 목적으로 사용됩니다. 표지를 만드는 방법은 두 가지가 있습니다. 학술지 양식과 같이 표지를 한 장에 만드는 방법과 학위 논문과 같이 여러 장에 걸쳐 만드는 방법이 있지요. 표지 양식은 보통 학교에서 제시하지만 그렇지 않을 경우에는 본인이 선택해서 사용하면 됩니다.

■ 학술지 표지

소논문 표지 규격(학술지 서식)

- 크기: A4(210×297mm, 국배판)
- 제목 크기: 15pt
- 제목 위치: 가운데 정렬
- 연구자 정보 크기: 11pt, 굵게
- 연구자 정보 위치: 제목 0.5cm 아래
- 목차 글자 크기: 10pt
- 목차 위치: 가운데, 연구자 정보 1cm 아래
- 초록 글자 크기: 10pt
- 초록 위치: 목차 1cm 아래
- 키워드 글자 크기: 10pt
- 키워드 위치: 초록 1cm 아래

■ 학위 논문 표지

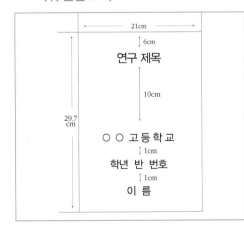

소논문 표지 규격(학위 논문 서식)

- 크기: A4(210x297mm, 국배판)
- 제목 크기: 20pt
- 제목 위치: 가운데 정렬, 상단에서 6cm 아래
- 연구자 정보 크기: 20pt
- 연구자 정보 문단 간격:1cm
- 연구자 정보 위치: 제목에서 10cm 아래
- 여백: 왼쪽, 오른쪽 3cm,
  위쪽 2cm, 아래쪽 1.5cm
  머리말, 꼬리말 1.5cm

226

학술지 표지에는 보통 논문 제목, 연구자 정보(학교, 학년, 이름), 목차, 초록, 논문의 키워드가 들어갑니다. 아래는 ○○여자고등학교에 다니는 한 학생의 소논문 표지입니다.

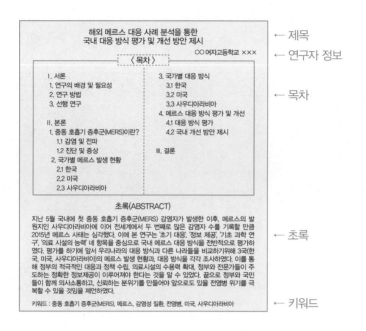

초록(ABSTRACT)

지난 5월 국내에 첫 중동 호흡기 증후군(MERS) 감염자가 발생한 이후, 메르스의 발원지인 사우디아라비아에 이어 전세계에서 두 번째로 많은 감염자 수를 기록할 만큼 2015년 메르스 사태는 심각했다. 이에 본 연구는 '초기 대응', '정보 제공', '기초 과학 연구', '의료 시설의 능력' 네 항목을 중심으로 국내 메르스 대응 방식을 전반적으로 평가하였다. 평가를 하기에 앞서 우리나라의 대응 방식과 다른 나라들을 비교하기위해 3국(한국, 미국, 사우디아라비아)의 메르스 발생 현황과, 대응 방식을 각각 조사하였다. 이를 통해 정부의 적극적인 대응과 정책 수립, 의료시설의 수용력 확대, 정부와 전문가들이 주도하는 정확한 정보제공이 이루어져야 한다는 것을 알 수 있었다. 끝으로 정부와 국민들이 함께 의사소통하고, 신뢰하는 분위기를 만들어야 앞으로도 있을 전염병 위기를 극복할 수 있을 것임을 제언하였다.

키워드 : 중동 호흡기 증후군(MERS), 메르스, 감염성 질환, 전염병, 미국, 사우디아라비아

학위 논문 표지는 학술지 표지와 다르게 제목과 연구자 정보가 들어 있는 표지 1장, 목차 1장(내용 목차, 그림 목차, 표 목차), 초록 1장을 각각 따로 만들어 줍니다.

2015학년도 소논문 쓰기 논술 수업

중국인 관광객 유치를 위한
전략 방안 연구

○○ 고등학교

1학년 2반

× × ×

논문의 얼굴! 소논문 표지 작성하기

▶ 소논문 표지를 만들어 봅시다.

〈목차〉

초록(ABSTRACT)

키워드:

Action 2 표현과 형식 점검하기

이제 정말 소논문 쓰기의 마지막 단계입니다. 그동안 고생했던 시간이 머릿속에 지나가지요? 지금부터는 내가 연구한 소논문의 퀄리티를 높이는 작업을 시작해 봅시다.

무엇을 체크하면서 소논문을 읽어야 하는지 지금부터 살펴보겠습니다. 먼저 소논문 글쓰기 원칙에 대한 점검 사항입니다.

■ 표현이 정확한가

아래의 '잘못된 예'를 보면 두 문장의 뜻이 모호합니다. 첫 번째로, 병문이가 혼자 은혜를 포함한 친구들에 대해 연구를 진행하였는지, 병문이가 은혜와 함께 친구들에 대해 연구를 하였는지 애매합니다. 두 번째로, 성적이 좋은 사람이 친구인지 동생인지 애매합니다. '올바른 예'와 같이 바꿔 주면 의미가 명확해지겠지요?

> **잘못된 예**
>
> 병문이는 은혜와 친구들이 진로에 대해 어떤 생각을 갖고 있는지 연구를 하였다. 그 결과 성적이 좋은 친구의 동생들이 진로에 대한 관심이 높은 것으로 나타났다.

> **올바른 예**
>
> 병문이는 은혜와 함께 친구들이 진로에 대해 어떤 생각을 갖고 있는지 연구를 하였다. 그 결과 좋은 성적을 가진 친구들이 자신뿐만 아니라 동생들의 진로에 대해서도 관심이 높은 것으로 나타났다.

■ 객관적인 서술 태도를 유지하였는가

논문을 작성하면서 최대한 객관적인 서술 태도를 유지하고 감정의 노출이나 꾸미는 표현은 사용하지 말아야 합니다. 다음 페이지의 '잘못된 예'를 살펴보고, 어떤 문제가 있는지 찾아보세요. 그리고 '올바른 예'에서 어떻게 고쳤는지 확인해 보세요.

연구 결과 100명 중 5명 정도밖에 안 되는 학생들이 진로에 대해 관심을 갖고 있었고 다른 학생들은 거의 관심이 없는 것 같은 생각이 들었다.

연구 결과 100명 중 5명이 진로에 대해 관심을 갖고 있었고, 95명의 학생들이 진로에 대해 관심이 부족한 것으로 조사되었다.

■ 주어-서술어 관계가 맞는 간결한 문장인가

글을 쓰다 보면 문장이 길어지고 주어-서술어 관계가 맞지 않거나 논리가 맞지 않는 경우가 생깁니다. 이에 문장을 되도록 길지 않게 적으며 주어-서술어 관계를 확인하고, 접속사를 잘 활용하여 문장을 완성합니다.

고등학생의 진로에 대한 관심을 이끌어 내기 위해서는 학생들의 진로 교육을 강화하여 진로에 대한 자신의 목적을 분명히 해야 할 뿐만 아니라 다양한 진로 관련 프로그램을 기획, 개발하여 학생들이 직접 참여하여 자신의 꿈을 찾을 수 있는 기회를 찾아 꿈을 찾아야 한다.

고등학생의 진로에 대한 관심을 이끌어 내기 위해서는 학생들의 진로 교육을 강화해야 한다. 진로에 대한 자신의 목적을 분명히 할 수 있도록 다양한 진로 관련 프로그램을 기획, 개발하여 학생들이 직접 참여하게 한다. 이러한 진료 교육 강화를 통해 자신의 꿈을 찾을 수 있는 기회를 학생들에게 제공하여야 한다.

■ 정확한 어휘를 사용하였는가

문맥에 맞는 올바른 어휘를 사용해야 합니다. 특히 외래어 사용의 경우 자신이 생각하는 표기와 올바른 표기가 다를 수 있습니다. 외래어 사전이나 국어사전 검색을 통해 정확한 어휘를 확인해야 합니다. 또한 외래어 남발은 독자의 이해도를 떨어뜨릴 수 있으니 주의하여 사용해야 합니다.

학생들이 다양한 직업의 업무를 정확히 이해하고 자신의 커리어를 높여야 한다. 학생들의 능력을 지지해 주어 직업적 찬스를 제공하는 것이 현 진로 교육이 가야 할 방향이라고 생각한다.

학생들이 다양한 직업의 업무를 정확히 이해하고 자신의 직업에 대한 활동 및 실적을 쌓을 수 있도록 해야 한다. 학생들의 능력을 관리하여 자신이 원하는 직업을 얻도록 하는 것이 현 진로 교육이 가야 할 방향이라고 생각한다.

Bonus tip

순서 기호 예시

I. 서론	I. 서론	I. 서론
1. 연구의 배경 및 필요성	1. 연구의 배경 및 필요성	1. 연구의 배경 및 필요성
2. 연구 방법	2. 연구 방법	2. 연구 방법
3. 선행 연구	3. 선행 연구	3. 선행 연구
II. 본론	II. 본론	II. 본론
1. 국가별 외교 정책	1. 국가별 외교 정책	1. 국가별 외교 정책
1.1 한국의 협력 외교	1) 한국의 협력 외교	가. 한국의 협력 외교
1.1.1 한국과 일본	(1) 한국과 일본	1) 한국과 일본
1.1.2 한국과 중국	(2) 한국과 중국	2) 한국과 중국
1.2 중국의 협력 외교	2) 중국의 협력 외교	나. 중국의 협력 외교
1.3 일본의 협력 외교	3) 일본의 협력 외교	다. 일본의 협력 외교
2. 해외 국가 협력	2. 해외 국가 협력	2. 해외 국가 협력
3. 한국의 향후 외교	3. 한국의 향후 외교	3. 한국의 향후 외교
III. 결론	III. 결론	III. 결론

그럼 이제 형식을 점검해 보도록 하겠습니다. 다음 A학생이 쓴 소논문의 일부를 통해 여러분이 많이 틀리는 부분을 찾아보겠습니다. A학생은 '고등학생들의 리더십 교육과 인성 교육의 필요성 인식도 조사'에 대해 소논문을 작성하였습니다. 이론적 배경에 해당하는 글을 읽다 보니 뭔가 이상한 부분이 있군요. 무슨 문제인지 같이 찾아볼까요?

Ⅱ. 이론적 배경

1. 리더십의 정의와 리더의 유형

㉮리더쉽이란 다른 사람을 자기 뜻대로 움직일 수 있는 힘을 의미한다. 일반적인 정의는 집단, 영향력 그리고 집단의 목표 달성이 주요한 것이라 할 수 있다. 종합해 보면, 조직의 목표를 달성하기 위해서는 조직 구성원들에게 영향력을 미치는 과정이 공통된 특성이라는 것이다. 또한 지속적, 반복적으로 효과적인 리더십의 영향력이 있었기 때문에 조직과 공동체의 생존과 원활한 소통을 위해서도 큰 중요성을 가진다.㉲

〈그림〉 인성 교육 현장
㉺

2.2 리더십 교육의 필요성
㉯
최근 학교와 학원에서 드물지 않게 일어나는 폭력이나 비인격적 행위가 대두하였다. 지금의 입시 위주의 단순 암기 교육과 경쟁 채제는 죽은 지식과 죽은 사회를 만들고 있다는 의견이 지베적이다.
㉼

(중략)

용어 통일 '리더쉽'과 '리더십'의 용어 통일이 되어 있지 않네요. 하나의 용어를 선정하여 끝까지 사용해야 합니다. 특히 외국어의 경우 발음상 다양하게 표기될 수 있으니 유의해야 합니다. (㉮㉯)

오탈자 '영향력', '경쟁 채제', '지베적'과 같은 오탈자들은 수정을 해야겠지요? 바쁘게 소논문을 쓰면서 오탈자가 나고, 띄어쓰기가 많이 틀립니다. 꼭 확인해 주세요. (㉰㉲㉼)

인용 및 참고 문헌 제시 A학생은 리더십의 정의에 대해 타인의 선행 연구를 사용했습니다. 이때 꼭 인용 표시와 참고 문헌을 명시하여야 합니다. 문장 뒷부분에 '(나은영, 2013, p.20)'과 같은 인용 표시를 하거나 각주로 넣어야 합니다. (㉱)

순서 기호 통일 논문에서는 다양한 순서 기호를 사용하기 때문에 일관성 있게 기호를 유지하여야 합니다. 리더십에 대한 이론적 배경이기에 2.2를 2로 바꾸는 것과 같이 순서 기호를 맞춰야 합니다. (㉯)

그림 및 표 번호 제시 A학생은 그림에 대한 제목은 달았지만 그림 번호를 넣지 않았군요. 표와 그림은 각각 번호를 매겨야 보는 사람 입장에서 한번에 찾겠지요? 그림과 표는 삽입 순서대로 각각 번호를 넣습니다. (㉺)

Q 그림이나 표 작성에도 형식이 있나요?

A 그림과 표는 논문을 작성하는 데 매우 중요한 근거 자료가 됩니다. 표를 작성할 때 유의할 점은 표의 왼쪽, 오른쪽을 개방해야 한다는 점입니다. 이는 본문과 독립된 것이 아니라 연결되어 있다는 것을 표시하는 것이죠. 또한 표 제목은 표의 상단에, 그림 제목은 그림의 하단에 넣는 것이 원칙입니다. 그리고 표와 그림을 다른 자료에서 인용했을 경우 출처를 명확하게 적는 것도 잊지 말아야 합니다.

Q 참고 문헌 수는 많을수록 좋은가요?

A 소논문 쓰기에서 참고 문헌은 매우 중요합니다. 참고 문헌만 살펴보아도 이 연구자가 얼마나 깊이 있는 연구를 진행했는지 판단할 수 있는 척도가 되기 때문이죠. 이런 이유로 일부 학생들 중에는 참고 문헌이 많을수록 좋다고 생각하는 경우가 더러 있습니다. 그러나 참고 문헌에는 여러분이 직접 찾아서 읽고, 활용한 것을 넣어야 합니다. 단 한 줄이라도 인용한 경우에는 반드시 참고 문헌에 기재해야 합니다. 반대로 연구에 활용하지 않았고, 단 한 줄도 읽지 않은 자료를 참고 문헌에 올리는 것은 바람직하지 않습니다. 때로는 논문 심사 때 참고 문헌에 올라간 자료에 대해 심사위원이 어떤 내용인지 간략하게 설명하라고 요구할 수도 있으니 유의해야 합니다.

Q 부록에는 보통 무엇을 넣나요?

A 부록은 본문에 넣으면 너무 번잡하거나 분량이 많은 자료, 또는 참고 자료나 증거 자료가 되는 것을 수록하며, 주로 참고 문헌 다음에 넣습니다. 대표적으로 설문 조사를 실시한 경우 설문지를 부록으로 넣습니다. 논문을 이해하는 데 필요한 자료라면 부록에 넣는 것이 바람직합니다. 그러나 부록의 양이 본문보다 많으면 좋지 않으니 유의하기 바랍니다.

마무리하며

1. 발표 준비하기

🕊1 발표 전략 수립하기

    소논문 발표 방식은 학교마다 제각각 다를 수 있습니다. 일반적으로 프레젠테이션을 활용하여 소논문 발표를 많이 합니다. 또는 논문 원본을 토대로 작성한 초록 내용으로 간략히 논문 발표를 하기도 합니다. 논문 심사를 진행하는 두 학교의 경우를 예로 들어 알아볼까요? 먼저 프레젠테이션 형태로 논문 발표를 진행하는 학교의 소논문 심사 안내문입니다.

1. 발표 시간: 한 사람당 5분
2. 발표 자료: 프레젠테이션 PPT 2~3장으로 준비
3. 파일 제출: ○○○○년 ○월 ○○일까지 담당교사 이메일로 제출
4. 발표 순서: 사전 회의 시간에 추첨으로 결정
5. 발표 점수: 자료 준비 성실성 10점,
           발표 태도 10점,
           전달력 및 호응도 10점
           총합 30점

두 번째는 소논문 원본을 토대로 별다른 프레젠테이션 없이 초록 내용으로 발표를 진행하는 학교 사례입니다. 대략적인 소논문 심사 안내문을 살펴볼까요?

1. 일시 : ○○○○년 ○월 ○○일 ○요일 오후 ○시
2. 장소 : ○○여자고등학교 도서관
3. 사전 준비 : 심사 전날 오후 6시 전까지 최종 심사본 파일 제출
4. 당일 준비 : 당일 전자 칠판 PC에 최종본 파일 깔아 두기
5. 발표 시간 : 발표(3분), 심사위원 평가 및 질의(5분)
6. 발표자 주의사항 : 초록에 작성한 요약본 내용으로 발표함. 즉, 연구 동기를 밝히고, 연구의 필요성 및 목적, 연구 대상, 연구 방법, 연구 결과, 대안 및 방안 제시 등은 필수로 언급해야 함. 심사위원의 지적이 있을 시 반론 제기가 어려울 경우 수정하겠다고 인정하고 넘어가기. 심사위원의 날카로운 질문에는 최대한 논리적으로 잘 답변해야 함.

이렇게 학교에서 제시한 방식에 따라 여러분이 발표 전략을 수립하면 됩니다. 발표 내용은 초록에 작성하였던 연구 목적, 연구 문제, 연구·방법, 연구 결과, 연구의 시사점 등을 논리정연하게 잘 요약하여 제시하는 것이 중요합니다. 실제 소논문 발표보다 질의응답 시간에 더 예상 변수가 많기 때문에 준비해야 할 사항이 많습니다.

⚾2 예상 질문 준비하기

소논문 발표를 앞두고 많이 긴장되고 떨리죠? 무엇보다 여러분 스스로 작성한 논문에 대해서 어떤 질문이라도 정확하게 답할 수 있을 정도로 잘 이해하고 있어야 합니다. 그러면 논문 발표를 앞두고 있는 A학생과 B선생님의 대화를 들어 볼까요?

A 선생님, 소논문 발표를 앞두고 엄청 긴장돼요. 나름 PPT도 정성껏 만들고 발표 내용도 정리하긴 했는데, 질의응답 시간 때문에 걱정이에요. 예상 질문을 어떻게 준비해야 할까요?

B 소논문 발표 준비를 성실히 잘했구나. 한 가지 조언하자면 가장 기본적으로 논문에 사용한 용어나 특정 개념에 대해서는 정확히 알고 있어야 한단다. 기본 용어나 개념에 대해 제대로 설명하지 못한다면 전체 내용을 잘 이해하지 못한다고 보겠지. 아마 질문은 크게 두 가지 형태일 거야. 첫째는 연구자가 내용을 정확히 이해하고 있는지 알아보기 위해 질문할 거고, 둘째는 논문의 오류를 발견하여 지적하기 위해 질문할 거야.

A 아, 걱정되네요. 그럼 질문이 나오면 어떻게 대답해야 할까요?

B 우선 중요한 것은 질문을 잘 듣고 무엇을 묻는 것인지 정확히 파악해야겠지. 가장 좋은 답변은 핵심을 정확히 전달하는 것이라 할 수 있어. 쉽지 않지? 먼저 이해도를 파악하기 위한 질문일 경우 충분히 자세하게 응답하렴. 그리고 오류를 지적하기 위한 질문일 경우 인정해야 할 부분에서는 정직하게 "수정하겠습니다."라고 답하는 것이 더 좋은 태도란다. 물론 그전에 자신의 연구 내용에 대해 방어를 충분히 해야겠지.

A 아, 그렇군요. 그런데 만약 긴장해서 질문을 순간적으로 못 알아듣거나 이해하지 못하면 어떻게 해야 하나요?

B 당연히 질문이 무엇인지 다시 물어야겠지. 그래도 이해가 되지 않는다면 보다 쉽게 설명해 달라고 정중히 부탁해 보렴. 임의로 판단해서 답하는 것보다 훨씬 좋은 방법이야.

A 그렇다면 만약 질문에 대한 답을 모를 때는 어떻게 해야 하나요?

B 너는 어떻게 하는 게 좋을 것 같니?

A 우선 아는 거라도 대충 대답해야 하지 않을까요?

B 대부분 그런 부담감을 가지고 있을 거야. 그런데 아무리 연구자라도 모든 것을 다 알 수는 없잖니. 특히 고등학생인 너희들에게는 완벽한 내용을 기대한다는 것이 무리일지도 몰라. 여기서 중요한 태도는 어려운 질문일 경우 대답이 불가능할 수도 있다는 사실을 먼저 스스로 인정하고 솔직히 모르는 것은 모른다고 대답하는 거야. 모르는 것을 마치 아는 것처럼 대답할 경우 오히려 연구 내용의 신뢰도를 떨어뜨릴 수 있으니 명심하렴.

A 솔직할 것! 잘 기억해야겠네요. 선생님의 조언을 듣고 나니 막막함이 사라졌어요. 감사합니다, 선생님.

예상 질문에 어떻게 대응해야 할지 알았나요? 이제 발표를 위한 기본 내용을 직접 정리해 봅시다.

내 논문 자랑하기! **발표 및 예상 질문 준비하기**

▶ 논문 발표를 다음 순서대로 준비해 봅시다.

논문 발표 전략	발표 일시	
	발표 시간	
	발표 자료	
	발표 순서	
발표 내용		

예상 질문

2. 논문 평가하기

🖊️❶ 자기 평가하기

어느덧 이 단계까지 왔습니다. 여러분이 작성한 소논문 결과물을 보니 스스로 대견하고 매우 뿌듯하죠?

하지만 만족하기에는 조금 빠릅니다. 냉정한 평가의 시간이 기다리고 있기 때문이지요. 이제 논문 평가를 앞두고 있습니다. 논문 평가는 크게 두 가지 방법, 자기 평가와 상호 평가로 나누어집니다.

자기 평가는 여러분 스스로 소논문 작성에 누락되거나 실수한 부분은 없는지 체크리스트를 가지고 검토해 보는 것입니다. 상호 평가는 모둠별로 논문을 평가하며 피드백을 제공하기도 하고, 논문 발표 대회 형태로 선생님 또는 외부 심사위원들에게 심사를 받는 형태가 포함됩니다.

첫 번째로 여러분이 수행할 워크북은 자기 평가표입니다. 크게 8개의 영역에서 소논문 작성 결과를 토대로 평가 내용을 체크해 보면 됩니다. '예', '아니오'로 간단하게 평가하면 되니 부담 없이 체크해 보세요.

'아니오'라고 체크된 부분도 있겠죠? 그 부분은 본인 스스로 미흡하다 생각하고 있는 것이니 다시 한 번 재점검 후에 상호 평가로 넘어가기 바랍니다.

자, 그럼 소논문 자기 평가표를 시작해 볼까요?

두려워 말라! 소논문 자기 평가표

▶ 소논문 작성 결과물을 토대로 자기 평가 항목에 ✓ 표시를 하세요.

		YES	NO
연구 일지	연구 일지를 성실하게 작성하였는가?		
연구 계획서	논문 쓰기의 계획을 수립하여 작성하였는가?		
목차	목차에 연구 내용과 전개가 명확하고 체계적인가?		
연구 주제	자신의 진로 및 진학과 관련성이 있는 주제인가?		
	학생으로서 논문을 작성하기에 적합한 주제인가?		
서론	연구의 필요성 및 목적이 명확히 진술되어 있는가?		
	연구 문제와 방법이 분명하게 기술되어 있는가?		
본론	연구 방법이 타당한가?		
	연구 문제와 관련된 선행 연구를 충분히 고찰하였는가?		
	자료 수집을 성실하고 풍부하게 하였는가?		
	내용이 충분하고 통일성을 지키고 있는가?		
	연구 문제와 관계있는 분석 결과를 잘 제시했는가?		
	예상치 못했던 결과에 대해 정직하게 진술하였는가?		
결론	본론에서 도출한 연구 결과 중심으로 요약하여 제시하였는가?		
	연구의 시사점 및 의의를 기술했는가?		
	연구의 한계점을 밝혀 두었는가?		
	연구의 후속 연구 방향을 제안하였는가?		
표현 형식	논문의 일반적인 양식에 맞게 작성하였는가?		
	문서 작성의 세부적인 편집 규칙들을 잘 지켰는가?		
	인용 및 출처를 정확하게 하였는가?		
	참고 문헌 목록을 정확하게 첨부하였는가?		
	문장 표현이 정확하고 간결한가?		
반성할 점			

✈2 상호 평가하기

　이제 자기 평가를 마친 친구들은 상호 평가를 할 준비가 되었습니다. 상호 평가는 앞서 설명한 대로 모둠별로 논문 심사를 진행하기도 하며, 선생님이나 외부 심사위원들이 맡아 논문 심사를 진행하기도 합니다.

　먼저 모둠별로 논문 심사를 진행하는 경우, 또래 친구들 간에 논문 심사 대상자와 심사위원을 동시에 경험해 봄으로써 역지사지의 장을 마련할 수 있겠죠. 심사위원을 경험했던 친구들의 후기를 살짝 들어 볼까요?

> ✎ 제가 심사를 담당한 친구들의 논문을 미리 열심히 읽고 친구들에게 도움이 될 수 있도록 관련 질문들, 궁금한 점, 그리고 고쳤으면 하는 점들을 있는 대로 다 적었어요. 심사 과정에서 제가 했던 질문들이 친구들에게 도움이 됐으면 하는 바람으로 독설 아닌 독설을 했는데, 좀 미안하기도 했어요.
>
> ○○여자고등학교 1학년 김○○

> ✎ 대망의 심사가 있던 날, 저는 친구들의 논문을 끝없이 비판했어요. 저의 비판이 친구들의 논문 발전에 큰 도움을 줄 것이라고 생각하고 마음을 굳게 먹고 한 비판이었죠. 물론 친구들에게 도움은 주었겠지만 내심 한편으로는 심사 후 친구들의 논문에 칭찬 한마디 해 주지 못한 제 모습을 반성하기도 했어요.
>
> ○○고등학교 2학년 정○○

> ✎ 친구들의 논문을 심사 전에 읽을 때는 굉장히 감탄했는데 막상 심사 당일에는 긍정적인 말을 해 주지 못해 미안했어요. 심사를 하며 깨닫게 된 것은 남의 소논문을 판단하고 비판하는 일도 굉장히 힘들다는 사실이었어요.
>
> ○○고등학교 2학년 한○○

　위의 글을 살펴보니 논문 심사를 받는 대상자도 힘들지만 실제 논문 심사를 해야 하는 심사위원 입장에서도 참 쉬운 일은 아닌 것 같네요.

두 번째로 선생님이나 외부 심사위원들이 심사를 하는 경우를 살펴보겠습니다. 외부 심사위원들은 어떤 기준으로 논문을 심사할까요? 고등학생 소논문의 경우 연구 능력 수준을 판가름하기보다는 여러분의 창의적이고 주도적인 연구 수행 과정을 격려하는 의미가 더 크다고 할 수 있습니다. 따라서 연구 주제도 여러분 눈높이에 맞는 것이 좋습니다. 그리고 여러분의 자발성과 주도성, 창의성을 발휘하여 작성한다면 좋은 평가를 받을 수 있습니다. ○○여자고등학교에서 심사위원들이 평가 기준으로 사용한 심사표를 살짝 공개해 보면 아래와 같습니다.

이름	연구 일지(30점)			소논문(70점)							총점 (100점)
	학생의 자발성 (10)	학생의 주도성 (10)	연구 활동의 성실성 (10)	연구의 필요성 및 목적의 명확한 기술 (10)	연구 주제 (문제)의 명확한 기술 (10)	연구 주제 (문제)의 독창성 및 매력성 (10)	연구 주제에 대한 학생 고유의 흥미 (10)	연구 방법의 타당성과 실현 가능성 (10)	연구 방법의 독창성 (10)	적절한 관련 문헌 인용 (10)	

심사 기준

- 연구의 필요성 및 목적을 명확하게 기술하고 있다.
- 연구 주제와 문제를 명확하게 기술하고 있다.
- 연구 주제와 문제가 독창적이고 흥미롭다.
- 연구 주제와 문제에 대한 학생 자신의 깊은 관심이 잘 나타나 있다.
- 연구 수행 계획에 있어 학생의 자발적이고 주도적인 역할이 잘 나타나 있다.
- 연구 방법이 타당하고 실현 가능하다.
- 연구 방법이 독창적이다.
- 관련 문헌을 적절히 인용하였다.

어떤 형태로든 논문 심사를 받는 대상자가 되어 보면 매우 긴장되고 떨리기 마련입니다. 여러분처럼 논문 심사를 받아 보았던 친구들의 경험 후기를 들어 본다면 조금 도움이 될 수도 있을 것입니다.

✎ 논문 심사가 있던 날, 드디어 제 차례가 와서 심사를 받게 되었어요. 논문 발표 후 질의응답 시간에 제가 질문에 답변을 하면서 마치 전문가가 된 듯한 기분이 들더라고요. 쑥스러웠지만 자랑스러운 마음도 동시에 들었어요. 저는 틀린 부분, 고칠 부분에 대해서 인정하고 수정하기로 했기에 논문 심사가 별 탈 없이 잘 끝날 수 있었어요. 제 논문을 방어한다고 근거 없이 장황한 설명을 하면 오히려 좋지 않다는 걸 알았어요.

○○여자고등학교 1학년 오○○

✎ 논문 심사를 준비할 때 굉장히 떨렸어요. 프레젠테이션도 완성도가 낮아 더 고치고 싶었지만, 시간이 부족해 일단 발표를 할 수밖에 없었죠. 심사위원들의 예상치 못한 질문에 대답을 할 때는 속으로 굉장히 당황하기도 했어요. 아마 경험해 보시면 제 마음 이해하실 거예요. 그래도 심사를 마치고 나니 끝났다는 안도감과 뿌듯함이 매우 컸어요.

○○여자고등학교 2학년 한○○

✎ 저는 논문 심사에서 유독 지적을 많이 받아 속상하고 서운한 마음이 들더라고요. 그런데 집에 돌아와서 심사위원들이 지적한 수정 사항들을 작업하는데, 고치면서 보니 제 논문을 누구보다 꼼꼼하게 체크해 주고 관심을 가지고 지적한 내용이었더라고요. 뒤늦게 서운한 마음보다 고마운 마음이 들었어요. 제가 미처 발견하지 못했던 작은 오타까지 찾아 준 심사위원들에게 정말 고마웠어요.

○○여자고등학교 1학년 정○○

여러분과 같이 논문 심사를 받아 본 친구들의 경험담을 들으니 좀 더 생생한 느낌이 전달되나요? 그러면 다음 워크북에 나오는 논문 심사 양식을 토대로 친구들과 상호 평가를 진행해 보세요. 때로는 친구들이 여러분의 논문을 더 냉정하고 정확하게 평가해 줄 겁니다.

잘 부탁드립니다! 논문 심사 양식

▶ 논문 심사 기준에 따라 논문을 평가해 봅시다.

논문 제목 :

발표자 :

심사 기준	심사 의견	
1. 전체 구성 논문의 전체 구성을 잘 갖추었나요? (목차 구성, 서론, 본론, 결론, 참고 문헌 등)	☐ 예	☐ 아니요
2. 주제의 적절성 수준 및 진로 적성에 적합한 주제를 선정하였나요?	☐ 예	☐ 아니요
3. 정확성 문헌, 자료 등을 정확하게 인용 및 참고하였나요?	☐ 예	☐ 아니요
4. 이해도 연구자가 제대로 연구 내용을 이해하고 작성했나요?	☐ 예	☐ 아니요
5. 논리성 객관적으로, 치우침 없이, 비약하지 않고, 논리를 일관성 있게 전개하여 증명 또는 서술하였나요?	☐ 예	☐ 아니요
6. 창의성 주제, 분석 방법, 접근 방법이 적절한가요? 그리고 이것들이(어느 하나라도) 새로운 것인가요?	☐ 예	☐ 아니요
총평	총 점수(10점 만점)	

✐❸ 논문 수정하기

 논문 심사는 잘 받았나요? 자기 평가와 함께 심사위원들에게 논문 심사를 받아 보며, 여러분이 작성한 소논문의 작은 실수부터 큰 오류까지 발견하였을 것입니다. 이제 남은 건 논문의 완성도를 위해 수정 요청 사항을 토대로 논문을 수정하는 일입니다. 논문 수정 작업은 한 번에 끝나지 않고 여러 번 반복해서 이루어져야 한다는 것을 잊지 마세요. 여러분처럼 논문 심사 후 수정 작업을 했던 친구들의 그 당시 마음은 어땠을까요? 친구들의 이야기를 한번 들어 볼까요?

> ✎ 저는 심사 후 지적받은 내용들을 잘 적어서 그날 집에 오자마자 수정을 시작했어요. 처음에는 수정해야 할 사항이 너무 많아서 어디부터 시작해야 할지 막막했어요. 작은 오탈자 정도 고치는 건 쉬웠지만, 논문 지적 사항 중 논리적 흐름이 맞지 않아 본문의 한 부분을 모두 지우고 다시 써야 하는 곳도 있어서 수정 작업이 정말 힘들었어요. 그래도 뒤늦게 완성된 논문을 보니 심사 과정을 통해 큰 오류 부분을 발견한 것이 얼마나 다행이었는지 몰라요.
>
> ○○고등학교 1학년 이○○

> ✎ 논문을 반복해서 읽다 보니 제 눈에는 더 이상 오탈자가 안 보이더라고요. 그래서 그 후로는 출력해서 가족들에게도 보여 주고, 친구들에게도 부탁해서 매의 눈으로 찾아 달라고 부탁했어요. 그런데 정말로 제가 발견하지 못했던 부분의 문제까지 독자의 시선으로 잘 찾아 주더라고요. 덕분에 꼼꼼히 논문을 수정할 수 있었어요. 반드시 주변 분들에게 논문 피드백을 받아 보세요.
>
> ○○여자고등학교 2학년 박○○

> ✎ 저는 논문에 사용한 용어를 전체적으로 통일하지 않은 오류가 있었어요. 전문 용어의 경우에는 띄어쓰기도 통일하여 표기해야 한다는 것을 뒤늦게 알고 한글의 찾기 기능을 활용해서 용어를 일관성 있게 수정할 수 있었어요.
>
> ○○고등학교 1학년 유○○

✎ 제가 심사 과정 중 지적받은 것은 인용 및 출처가 명확하지 않다는 부분이었어요. 나름 참고 문헌을 성실히 작성했다고 생각했는데, 본문 안에 인용 표시와 각주 표기가 제대로 안 되어 있었어요. 이것은 자칫 표절이 되어 연구 윤리에 치명적일 수 있기 때문에 절대로 실수하거나 누락하면 안 되는 것이었어요. 제 실수였지요. 그래서 본문의 인용한 부분을 다시 검토하며 꼼꼼히 수정했고, 표나 그래프에도 인용한 부분에 대한 출처를 명확히 밝혔어요.

○○고등학교 1학년 최○○

✎ 저는 논문을 다 쓰고 보니 본문 목차와 표, 그래프의 목차 쪽수가 다 틀리더라고요. 계속 수정하다 보니 표가 밀리기도 하고, 본문의 위치가 조정되면서 쪽수를 많이 바꿨는데 하나도 반영을 안했던 거죠. 그리고 본문에서는 제목을 수정했는데, 이를 목차 부분에 반영하지 않아 뒤늦게 제목들도 다 고치느라 고생했어요. 생각보다 논문 수정 작업은 정확성을 필요로 하는 것들이 많았어요.

○○여자고등학교 1학년 남○○

✎ 몇 번 수정 과정을 거치고 나서야 논문의 모습이 보이기 시작하더라고요. 글의 완성도가 높아질수록 엄청 뿌듯했어요. 심사를 통해 받았던 조언과 지적 사항은 제 논문의 완성도를 위해 매우 중요했어요. 심사 과정을 통해 얻은 피드백들은 논문을 수정하는 데 피가 되고 살이 되는 것들이었어요.

○○여자고등학교 2학년 임○○

끝나도 다시 한 번! 수정 요청 사항 정리하기

▶ 심사 후 수정 요청 사항에 따라 내용을 고쳐 봅시다.

	수정 요청 사항	수정 계획
1		
2		
3		
4		
5		

3. 후기 쓰기

🖐① 논문 후기 작성하기

　최종 소논문 완성본을 보니 뿌듯하고 감격스럽지요? 모두들 정말 고생 많았습니다. 고등학생이 스스로의 힘으로 한 편의 논문을 완성해 낸다는 것은 말처럼 쉽지 않은 일입니다. 그럼에도 차분히 연구를 진행해 가며 끝맺음을 멋지게 달성한 여러분에게 격려의 박수를 보내 주고 싶습니다. 이제 여러분이 밟아 왔던 연구 과정을 되짚어 보면서 솔직한 마음으로 후기를 쓰는 일만 남았습니다. 소논문 쓰기 활동에 참여하여 논문을 완성한 친구의 후기를 살펴보며 여러분도 자신의 생각과 느낀 점을 정리해 보세요.

논문 제목	**조기 영어 교육 경험이 영어 학습에 미치는 영향에 관한 연구**
소논문 쓰기 활동 참여 동기	○○여자고등학교에 입학하기 전부터 소논문 쓰기 수업에 꼭 참여하고 싶은 마음을 가지고 있었다. 담임선생님이 소논문 쓰기 수업에 대한 안내를 해 주었을 때 '내가 소논문을 과연 잘 쓸 수 있을까?'라는 생각에 신청을 망설였다. 하지만 지금 이 기회를 놓치면 후회할 것 같은 생각에 내 몸은 어느새 도서관으로 향하였고 사서 선생님에게 수업 신청을 하고 있었다. 소논문 쓰기 수업 합격 문자 메시지를 받았을 때는 내 꿈에 한 발짝 다가선 것처럼 기뻤지만, 솔직히 내가 잘 할 것이라는 확신은 서지 않았다.
논문 주제 선정 계기	처음 수업이 있던 날, 선생님의 설명을 들으면서 과연 내가 끝까지 논문을 마칠 수 있을까 하는 걱정과 함께 선배들처럼 멋진 논문을 완성하고 싶다는 생각에 들뜨기도 하였다. 주제를 정할 때는 큰 어려움이 없었다. 영어 교육을 전공하고 싶은 나에게 바로 떠오른 키워드는 '조기 영어 교육'이었다. 관심 분야가 뚜렷하였기에 다른 친구들보다 주제는 쉽게 정할 수 있었다. 그러나 너무 흔한 주제가 아닐까 하는 염려에 연구 과정 중에는 조금 혼란스럽기도 했다.

작업 중 가장 보람됐던 점	소논문 쓰기를 하면서 가장 보람됐던 것은 국립중앙도서관과 국회도서관에 다녀온 것이다. 내가 대학생이 되기 전에 논문을 읽을 일이 생길 줄은 상상도 못했었는데 자료 수집을 위해 논문을 몇 편이나 읽었다. 그렇지만 논문을 고르고 읽는 그 과정들이 전혀 힘들지 않았다. 오히려 논문을 읽는 것이 매우 재미있었다. 소논문 수업이 끝나도 나 혼자 국립중앙도서관에 가서 다른 논문들을 더 읽어 보고 싶을 정도였다.
작업 중 가장 힘들었던 점	그러나 글을 쓰기 시작했을 때는 막막함 그 자체였다. 선생님의 피드백이 항상 있는 것도 아니고 스스로 먼저 시작하는 것이 중요했는데 어떻게 시작해야 할지도 모르겠고, 그러다 보니 자꾸 늑장을 부리게 되어서 첫 초안 검사하던 날 미완성으로 제출할 수밖에 없었다. 초안을 쓸수록 다른 논문과 비슷해지는 것은 아닌가 걱정이 되고 어떤 내용을 넣고 빼야 할지 확신이 서지 않았다. 개인적으로는 글쓰기 작업이 가장 어려웠다. 글쓰기를 하는 도중 설문 조사 결과에 오류가 있어서 재조사를 하게 되었을 때는 정말 그만두고 싶을 만큼 힘들었다. 그래서 이때 즈음에 가장 게으름을 부렸던 것 같다.
활동을 통해 깨달은 점	내가 소논문 쓰기 수업을 통해 얻은 가장 큰 소득은, 물론 게으름도 피우고, 하다가 막히면 미루기도 하여 시간이 오래 걸렸지만, 포기하지 않고 끈기 있게 해 냈다는 것이다. 소논문 쓰기 활동이 그동안 어렵고 하기 싫은 것들을 쉽게 포기해 왔던 나의 나쁜 습관들을 조금이나마 고칠 수 있는 발판이 되어 준 것 같아 고맙고 기쁘다.
도전하려는 친구들에게 전하고 싶은 말	내년 1학년 신입생에게 ○○여고에서 꼭 해 봐야 할 것으로 '소논문 쓰기'를 권하고 싶다. 과정은 쉽지 않지만 단언컨대 그 결과는 결코 헛되지 않을 것이다. 내가 느꼈던 이 뿌듯함과 깨달음을 많은 친구들이 경험해 보면 좋겠다.
지도 선생님께 전하고 싶은 말	소논문 쓰기를 하며 우리와 함께 잠 못 주무시고 더 좋은 글을 만들 수 있게 가르쳐 주신 사서 선생님에게 정말 감사드린다. 작업 기간 동안 같이 밤을 지새우고 글을 쓰며 서로를 격려한 친구들에게도 모두 수고했다는 말과, 고맙다는 말을 전하고 싶다.

이제 여러분도 위의 사례처럼 여러분만의 스토리가 담긴 후기를 다음 워크북 양식에 맞추어 작성해 보세요.

마무리하며

그동안 즐거웠어! **후기 작성하기**

▶ 다음 항목에 맞게 생각을 정리하며 후기를 작성해 봅시다.

논문 제목	
소논문 쓰기 활동 참여 동기	
소논문 주제 선정 계기	
작업 중 가장 보람됐던 점	

작업 중 가장 힘들었던 점	
활동을 통해 깨달은 점	
도전하려는 친구들에게 전하고 싶은 말	
지도 선생님께 전하고 싶은 말	

찾아보기

참고 문헌

단행본

김태수(2011). **논문작성법**. 서울: 연세대학교출판부.

김혜숙, 공윤정, 여태철, 황매향(2013). **초보자를 위한 학위논문 작성법**. 서울: 학지사.

남태우(2012). **알렉산드리아 대 도서관**. 대구: 태일사.

노영희, 박양하(2015). **논문자료 탐색과 논문작성법**. 서울: 청람.

미국심리학회(2013). **APA 논문작성법**(강진령 역). 서울: 학지사. (원서출판 2010).

박규상(2014). **처음 쓰는 논문 쓰기**. 군포: 샌들코어.

박창원, 김성원, 정연경(2012). **논문작성법**. 서울: 이화여자대학교출판부.

부스, 컬럼, 윌리엄스(2012). **학술논문작성법**(양기석, 신순옥 역). 파주: 나남. (원서출판 2008).

사와다 아키오(2007). **논문과 리포트 잘 쓰는 법**(이명실 역). 서울: 알음. (원서출판 1977).

서대진, 김봉화(2011). **학위논문 조사연구방법 교과서**. 서울: 일문사.

성태제, 시기자(2014). **연구방법론**. 서울: 학지사.

소병문, 백제헌, 유은혜, 이승민(2014). **고등학생 소논문쓰기 어떻게 시작할까?**. 서울: 씨앤톡.

웅진씽크빅(편)(2009). **21세기 웅진학습백과사전: 17**. 서울: 웅진씽크빅.

와타나베 겐지(2012). **논문은 디자인이다**(강해작 역). 서울: 기문당. (원서출판 2008).

임민재, 김신영(2008). **논문작성법**. 서울: 서울대학교출판문화원.

정병기(2008). **사회과학 논문작성법**. 서울: 서울대학교출판문화원.

최은주, 권두순(2014). **논문쓰기 절대 매뉴얼**. 서울: 넥서스BOOKS.

학술지

배재권, 권두순(2011). 자기결정성 요인이 마이크로블로깅 서비스 수용의도에 미치는 영향 연구. 대한경영학회, 24(5), pp.245-274.

신나민(2009). 교사의 목소리 매체에 대한 학생의 감정적 반응 및 선호하는 교사의 목소리의 특징. 한국교육공학회, 25(4), pp.29-62

신지연, 김유승(2012). 학교 도서관의 지역사회 개방에 관한 연구. 한국비블리아학회, 23(1), pp.277-297.

이기완(2010). 일본의 대중 인식과 대중 정책. 통일문제연구, 22(1), pp.191-224.

이병기(2007). 국가 수준의 교육 과정과 연계한 정보 활용 교육과 도서관 활용 수업의 제도화. 한국도서관정보학회, 38(1), pp.443-462